船舶机械设备
主动隔振系统工程设计与应用

卢立勤　贾　地　游上钦　师于杰　著

辽宁科学技术出版社
·沈阳·

图书在版编目（CIP）数据

船舶机械设备主动隔振系统工程设计与应用 / 卢立勤等著. — 沈阳 ：辽宁科学技术出版社，2020.10（2024.6重印）

ISBN 978－7－5591－1738－0

Ⅰ. ①船… Ⅱ. ①卢… Ⅲ. ①船舶机械－机械设备－减振装置－研究 Ⅳ. ①U664

中国版本图书馆 CIP 数据核字（2020）第 162416 号

船舶机械设备主动隔振系统工程设计与应用

作　　者：卢立勤　贾　地　游上钦　师于杰　著

出版发行：辽宁科学技术出版社

（地址：沈阳市和平区十一纬路 29 号 邮编：110003）

印 刷 者：沈阳丰泽彩色包装印刷有限公司

经 销 者：各地新华书店

幅面尺寸：145mm×210mm

印　　张：7

字　　数：200 千字

出版时间：2020 年 10 月第 1 版

印刷时间：2024 年 6 月第 2 次印刷

责任编辑：孙东

封面设计：颂煜文化

版式设计：颂煜文化

责任校对：王玉宝

书　　号：ISBN 978－7－5591－1738－0

定　　价：45.00 元

联系电话：024－23280300

邮购热线：024－23284502

E－mail：lnkjc@126.com

目　录

第1章 概 述

1.1 引 言

机械设备振动控制一直是船舶工程设计的难点与重点之一，主要是因为船舶机械设备振动大，会引起设备结构的疲劳损伤，会显著降低设备本身的使用寿命；导致精密部件的失灵，降低工作性能，影响精密设备正常工作；影响生活环境，导致人员无法正常工作及休息，降低航行舒适性；振动通过船体辐射至水下，会使敌方在很远的地方通过声呐等接收设备发现船舶从而暴露目标，严重影响船舶的隐蔽性，降低战斗性能。

当前，船舶机械设备振动噪声控制的主要手段是隔振。从实践来看，隔振技术对于船舶机械设备振动噪声控制非常有效。隔振系统分被动隔振系统和主动隔振系统两种方式。

以浮筏隔振技术为代表的被动隔振系统技术对中高频具有良好的隔振效果。在传统治理方法取得明显成效之后，进一步提升这些传统减振降噪措施的效能显得越来越困难，其中最突出的问题之一是低频窄带或低频线谱振动能量的抑制问题。

由于传统隔振技术具有低通高阻（低通高阻机械滤波）的固有技术特征，因此，低频机械噪声的控制一直是船舶机械设备振动控制的难题。此外，被动隔振系统结构参数一旦确定后就不能改变，当设备运行状态发生变化后，原先设计时针对某一频段处的减振性能就会失效。而且被动隔振技术还受到实际工程应用当中的一些限制，被动振动控制手段，如橡胶隔振器、钢丝绳隔振器、气囊隔振器、约束阻尼层以及浮筏隔振，难以在保证体积、重量、尺寸均满足工程要求的情况下，有效控制低频振动及其传递。

人们在理论研究和工程实践中提出了主动隔振来解决设备低频线谱振动能量的控制问题。主动控制技术采用“以振治振”的思路。理论和实践证明，该技术可自动跟踪振动频率的变化，有效抑制低频振动，是解决船舶机械设备低频隔振难题的有效手段，进而显著地提高船舶隐蔽性和安全性，改善工作环境。

船舶设备主动隔振系统作为一种典型的自动控制装置，在进行设计、性能分析计算、试验、检验等工程研制过程中，通常把它视为机电磁控制系统考虑。由于设备振源特性、工程应用环境以及控制需求的多样性和复杂性，主动控制系统设计涉及系统设计理论、理论建模、参数设计计算及其仿真分析、核心作动组件设计、控制算法设计、系统配置设计、性能试验与评估、优化设计等一系列理论分析与过程实践问题。

主动隔振技术是当前船舶设备振动控制领域研究与应用的热点，并不断处于技术发展之中。本书从工程应用实际需求出发，结合作者多年在船舶机械设备振动主动控制领域的理论研究和应用实践，论述有关船舶机械设备主动隔振系统设计与工程应用的基础问题。

1.2 被动隔振系统

传统的隔振装置系统的基本原理实质上是机械滤波，工程中广泛应用的浮筏隔振装置是典型的低通高阻机械滤波器。

振动被动控制技术由于不需要外界能量，装置结构较简单，易于实现，经济性与可靠性好，在许多场合下减振效果已能满足要求，因此广泛地在各个工程领域中得到应用。如隔振（船用主机单层、双层隔振、浮筏）（其示意图见图1—1）、吸振（安装动力吸振器）、阻振（在振动恶劣部位铺设阻尼材料）等。但被动控制技术有难以克服的缺点：

（1）当被动控制结构确定以后，减振效果就确定了，无法适应外扰频率的变化。如无阻尼动力作动器对频率不变或变化很小的简谐外扰激起的振动能进行有效的抑制，但它不适用于频率变化较大的简谐外扰情况。

（2）由于受结构的限制，对低频振动的减振效果不明显，难以满足人们的要求。被动隔振器对外扰频率大于受控对象——隔振器系统固有频率的$\sqrt{2}$倍时才能起有效的减振作用，但过低的系统固有频率在实现时会导致静变形过大与失稳的问题，造成低频隔振难题。

（3）另外，减振器的阻尼能够降低共振频率处的振动响应，但在高频段却会降低隔振效率。

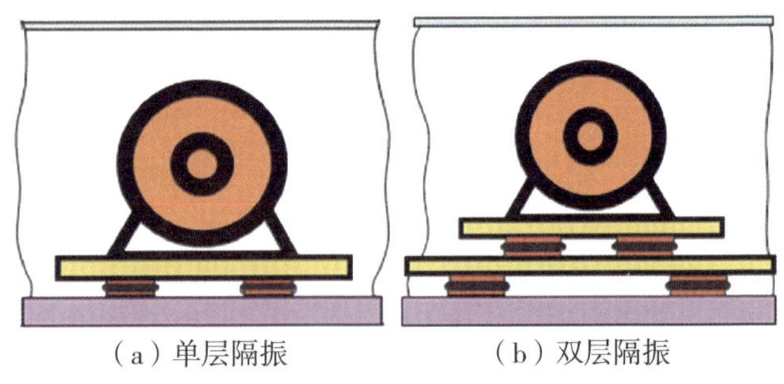

（a）单层隔振　　（b）双层隔振

图1–1　被动隔振

以单层隔振系统为例可以很清楚地说明被动隔振对低频隔振效果的不足。如图 1—2 所示。单层隔振系统的隔振效果常用力传递率（即以传递到基础的力和振源所受的激扰力之比）来表征，图 1—2 右边的曲线反映了这个力传递率随外扰频率变化的情况。显然，当外扰频率（对应着设备振动频率）与单层隔振系统固有频率 ω_n 大于$\sqrt{2}$倍时，力传递率小于 1，这是隔振所需要的，这个频段称为隔振区。

所以在设计单层隔振系统（根据设备的质量 m 确定减振器刚度 k，从而确定固有频率 ω_n）时，要让机器设备运转时的激励频率落在隔振系统的隔振区域才能有效隔离振动的传递。当机械设备的振动频率（即外扰频率）很低时，如果还想让其落在隔振区，就得要求隔振系统的固有频率很低，这只有两个办法，要不就是用刚度很小的减振器（这会造成静变形过大与失稳的问题），要不加大设备的重量。这一般是比较令人难以接受的。所以从原理上讲，被动隔振技术也不是不能控制低频，只是实际实施时会造成其他方面性能很大的损害。

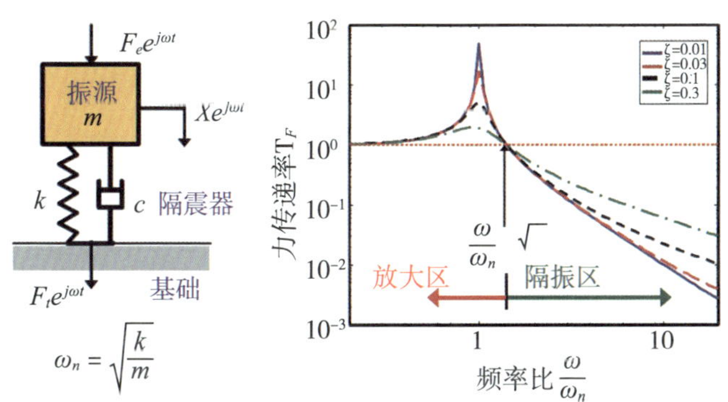

图1-2　单层隔振系统力传递率

因此，工程应用中除在振动被动控制的研究领域内继续探讨更为有效的减振方案外，还在寻求新的振动控制方法。振动主动控制技术由于具有减振效果好、适应性强等潜在优势，成为一条重要的新途径。

1.3 主动隔振系统

针对传统被动控制方法存在的不足，主动控制方法应运而生。振动主动控制是相对于被动控制而言的，它与被动控制的标志性区别在于是否有外界能量或力的输入。

以机械设备主动隔振为例来解释振动主动控制的基本原理。如图 1—3 所示，机械设备产生的振动通过减振器传到基座上，主动控制器通过拾取机械设备的转速信号和基座的振动信号信息计算出应该施加在主动执行机构的控制信号，主动执行机构会产生作用在基座上的主动控制力，这个主动控制力在基座上产生的振动响应与机械设备传递到基座的振动响应大小相等，方向相反，从而使基座的振动得到最大限度的控制。

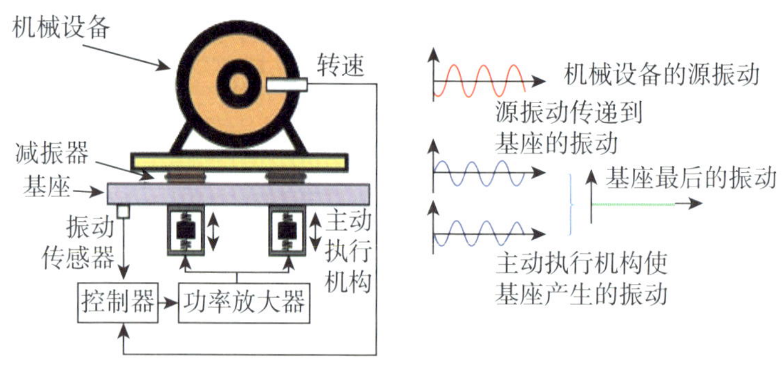

图1—3　主动控制基本原理

振动主动控制需要被控系统的振动信息作为反馈，因此振动主动控制能适应外扰频率的变化且对低频有很好的控制效果，从而成为振动工程领域的新热点。振动主动控制技术的核心关键技术包括主动隔振系统的设计理论、理论建模、参数设计计算及其仿真分析、作动执行机构研制、控制策略优化设计、试验等。

在20世纪30年代，PaulLueg就提出了用主动噪声抵消法代替被动噪声控制，对低频振动进行控制，揭开了振动主动控制的研究序幕。20世纪50年代末，为了降低大型柔性高速飞机的结构动载荷，提出了机构模态主动控制。60年代以后针对航空工程中出现的振动，一些复杂的振动主动控制系统陆续出现。随着近年其他支撑学科的快速发展和成熟，主动控制技术已在多个领域得到应用。

在航空领域中，振动主动控制应用于大型柔性结构外界振动隔离，避免影响其正常工作，甚至失效，或用来抵消微重力，从而保证无重力试验环境。应用于设备振动隔离。

如图1—4所示为美国喷气推进实验室JPL研制的六自由度Stewart隔振平台，它主要应用于航天器空间桁架结构上，能够实现多方向的振动隔离。

美国空军实验室研制VISS振动隔离系统隔离来自卫星本体和红外望远镜制冷机产生的振动。VISS系统采用音圈电机作为主动部分，弹簧和黏滞阻尼组成被动部分，并与主动部分并联，如图1—5所示。

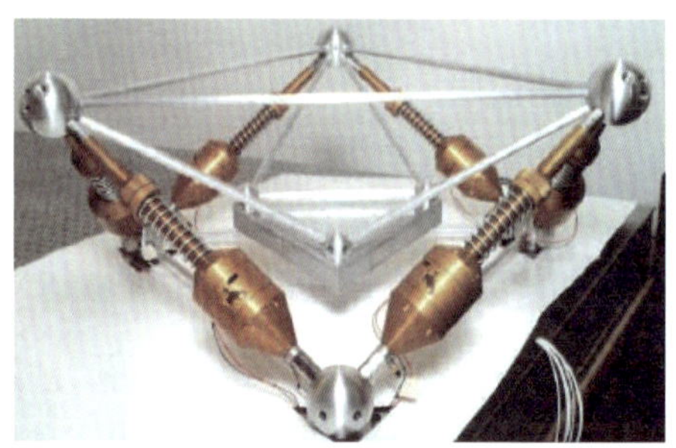

图1-4　JPL研制的六自由度隔振平台

图1-5　VISS并联隔振平台

在机械工程领域，尤其是精密制造领域，主动振动控制用来控制外部的扰动或平台自身的微振动。

日本高能加速器研究所（KEK）研制了一款用于直线对撞机加速器的主动隔振系统，如图 1—6 所示，实现了平台位置的自动调整和六自由度的振动主动控制。

在车辆工程领域内，主动隔振常用来隔离动力系统的振动，以提高乘坐的舒适性。C. Bohn 等将主动控制技术运用到发动机系统的整体振动隔离，控制发动机处的振动传递来减少汽车的整体振动；陈昆山等设计了一种只在非悬挂质量环节安装电磁反力作动器的新型悬架，有效地改善了悬架系统车轮环节共振高频段的平顺性、车轮接地性和减少了悬架弹簧的变形。

图1–6 KEK主动隔振系统

在土木工程领域，振动方法的研究主要用于结构振动的控制。例如：日本在地震波衰减方面的主动隔振研究，并利用该技术建成建筑物。

振动主动控制技术在航天、航空、车辆、土木工程、精密机床、高精密隔振平台、机器人动态特性以及船舶等领域有着广泛的应用。无论在理论研究方面还是在实际应用方面，都取得了相当大的进展和突破，具体表现为：

传感器技术：随着计算机技术、人工智能技术以及智能材料技术的迅速发展，具有灵敏度高、动态范围大、重量轻且具有信息处理、存贮及自诊断、自适应和自调节功能的新型智能传感器，如光纤传感器、压电材料传感器以及微芯片传感器等纷纷出现。

作动器技术：众多的作动器如伺服气动式、伺服液压式、电磁式、电动式、压电式及磁致伸缩式作动器层出不穷。一些智能型材料，如形状记忆合金、电流变体、磁流变体等应用到执行机构或主动控制元件中，实现了控制的实时性和可靠性。

控制系统：控制系统从最初的单输入单输出系统发展到单输入多输出、多输入多输出系统；控制策略也从传统的最优控制、极点配置、自适应控制等发展到智能控制，引入了包括模糊主动控制、人工神经网络以及遗传算法等在内的非线性控制算法。控制系统的设计也从独立设计发展到结构与控制器联合设计的智能控制结构系统。

1.4 船舶机械设备主动隔振系统概况

船舶上的主要设备均存在着较高的低频特征线谱，目前多采用隔振系统来降低其高频振动。但是传统隔振系统对于低频线谱的控制效果并不明显，需要采取特定的措施单独对设备的低频特征线谱进行控制，以降低其在低频段的振动响应。

对于军用船舶，中、低速航行状态时，机械噪声是船舶的主要噪声之一。船舶机械设备的低频振动线谱分量能量较大，辐射距离远，是影响船舶隐蔽性的主要因素。采用主动控制技术能够较大幅度降低水下辐射噪声特征，增强隐蔽性，提高作战性能，具有重要的军事意义。

主动控制可以对低频振动进行针对性的控制，目前研究船舶设备低频线谱控制的热点和重点，用于隔离动力设备向船体传递的振动，如图1—7所示。

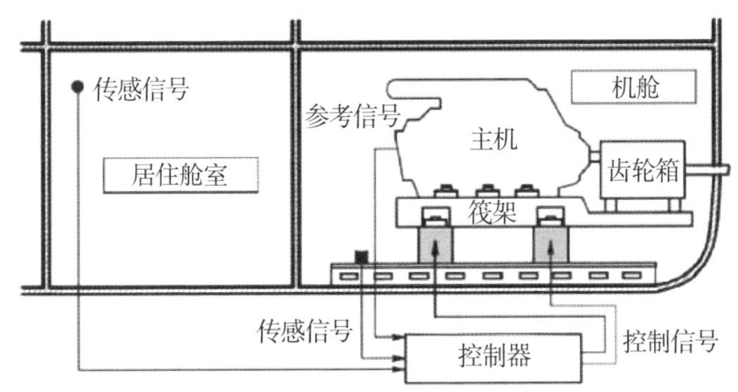

图1-7 船用发动机的主动隔振原理图

Moriyuki等采用电磁式主动执行机构替代液压伺服机构，研究了柴油发电机组主动隔振技术。BBN公司针对柴油机搭建的主动隔振平台对20Hz、100Hz的振动隔离了近20dB。MTU公司针对游艇主机12V4000M70进行了主动隔振等。

MTU公司与PAULSTRA公司合作开发的一体化主动隔振基础如图1—8所示。试验结果表明该型主动减振基础可以大幅度衰减柴油机各个方向的振动传递。

图1-8　一体化主动隔振台架试验

瑞典研发的一种船用主动隔振装置（Active Vibration Isolation in Ships—AVIIS）主要由电力惯性质量作动器组成，如图 1—9 所示。它能够有效隔离与船舶壳体的结构振动，从而降低结构噪声。

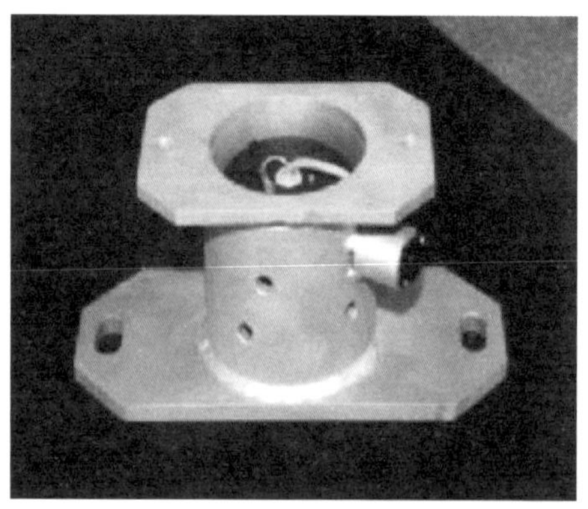

图1-9　瑞典某型船用隔振器

澳大利亚采用了一种主动隔振装置用于控制主机振动，该装置能够减弱轴的径向和转动方向的振动。该装置示意图如图 1—10 所示。经过实验测试显示，该系统相对于传统的被动隔振系统振动隔离效果更好，有效带宽更宽，能够适应柴油机的不同振速。

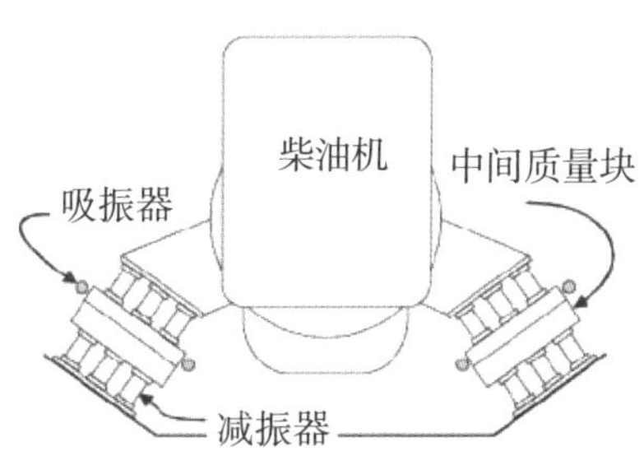

图1-10 主机主动隔振装置示意图

英国谢菲尔德大学进行原理性试验研究的“智能弹簧”振动主动控制系统，可以有效地压制浮筏弹性体特性造成的中、高频段谐振峰，在使浮筏的高频段性能接近双层隔振系统的同时，提高其低频隔振性能。图 1—11 为该装置试验效果图。

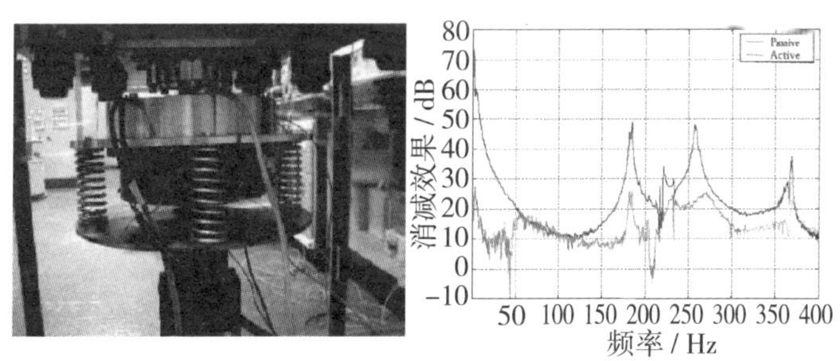

图1-11 智能弹簧系统实际效果图

荷兰对齿轮箱噪声进行了主动控制研究。采用了六个专用的高效作动器，构建了一个多输入多输出的自适应前馈控制系统。实船实验表明，在不同的航行速度下，该控制系统均能有效地减弱噪声。

美国开发了主动噪声和振动控制系统（ANVC），并采用船用高速网络技术，对设备 100Hz 以下的低频振动实施主动隔振。

国内船舶领域，振动的主动控制研究很多仍处于实验室阶段或初步工程应用阶段。

哈尔滨工程大学对实际柴油机建立了双层隔振研究的试验系统，对主动控制技术进行研究。（图 1—12）

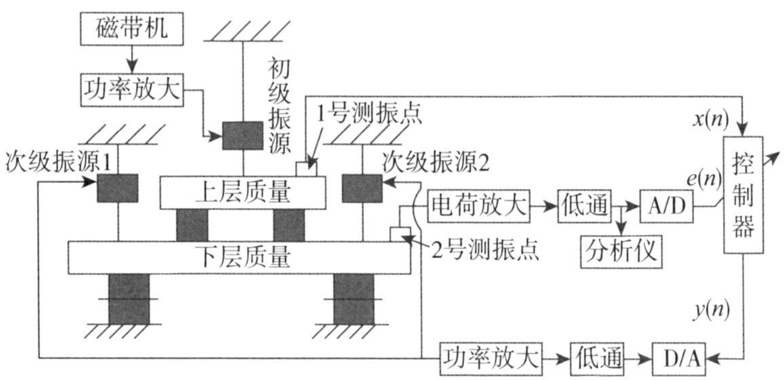

图1-12　哈尔滨工程大学开展有源吸振实验室研究的实验原理框图

哈尔滨工程大学为某拖船柴油发电机组设计了一套主动减振系统，该系统由 DSP 处理器和 6 个惯性式电磁作动器组成采用 6 输入 6 输出的自适应主动控制策略。柴油发电

机组单独工作时的主动减振试验结果表明，振动响应得到很好的衰减。(图 1—13)

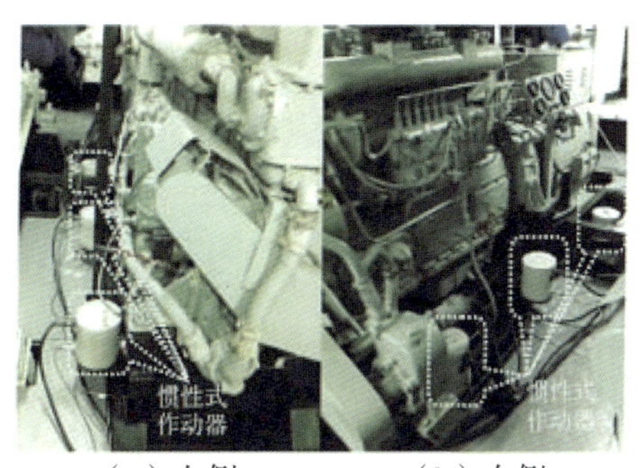

(a) 左侧　　　　(b) 右侧

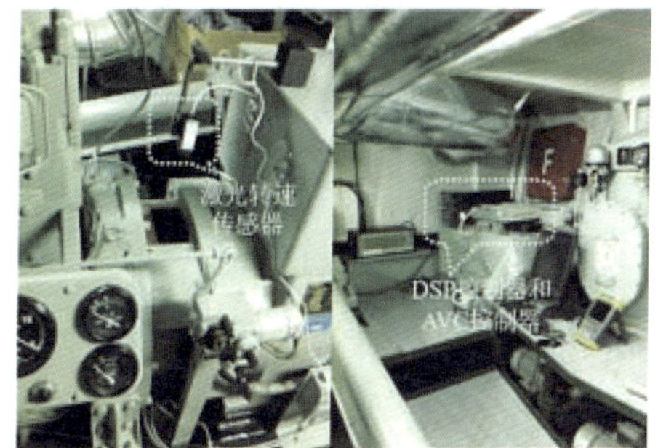

(c) 参考信号拾取　(d) DSP控制系统

图1-13　实船柴油发电机组振动主动控制试验

清华大学对小型柴油机发电机进行低频线谱主动消振，在基座上取得显著效果。图 1—14 为样机安装图。

海军工程大学提出了主被动混合隔振技术，将电磁作动器与气囊隔振器相结合，设计出一款同时具有主被动混合隔振功能的隔振器，通过被动隔振器来承载设备重量及对中、高频振动进行隔离，同时利用作动器进行主动控制从而对单线谱振动进行控制。将其应用于柴油机的低频振动传递控制，对 200Hz 以下的线谱取得了显著的减振效果。

图1-14　柴油机主动隔振装置

为了改善设备被动隔振装置（浮筏隔振系统）在低频域的减振性能，国内外开展了大量研究。包括系统建模、控制策略、作动器的优化布置等问题。

第 2 章　船舶机械设备主动隔振基础理论

船舶机械设备主动隔振技术的基础理论涉及基本原理、理论建模、动力学特性与仿真分析等内容。

2.1　机械设备主动隔振基本原理

图 2—1 给出了振动主动控制系统的基本原理，传感器采集研究对象的特征信号，经过初步处理（滤波、放大等）后，送入控制器，控制器根据既定的控制算法对信号进行分析、运算，得到的控制输出送至作动器，作动器将其转化为机械作用，并施加于对象，实现对对象的主动控制。

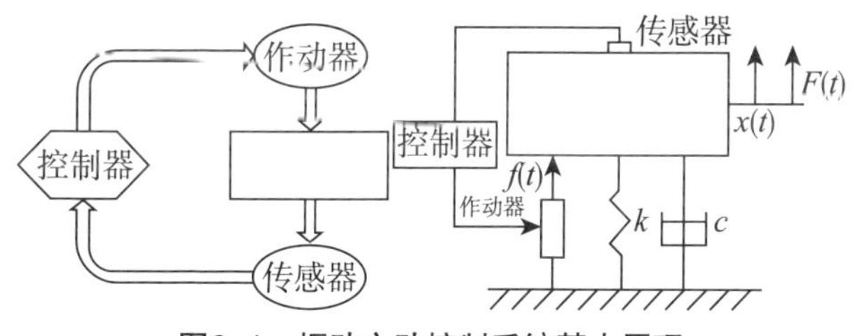

图2-1　振动主动控制系统基本原理

设备主动隔振的基本原理是机械陷波，是以振动抵消振动，通过在被控振动系统中引入次级振源，通过一定的

控制策略或算法调节对被控系统施加的主动控制力，使其产生的振动响应与原激励的振动响应相抵消。(图 2—2)

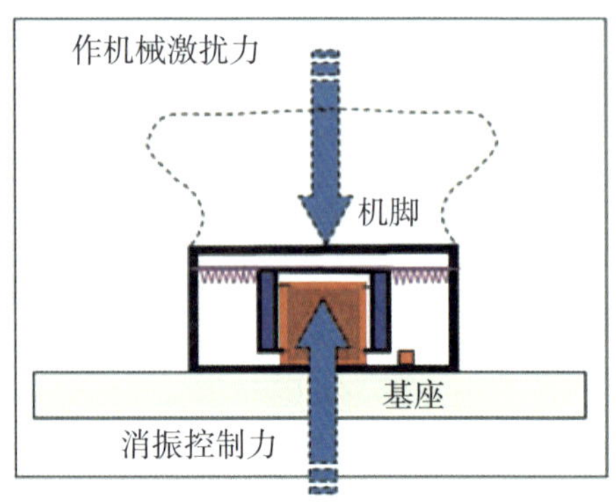

图2-2　装置反相抵消示意图

图 2—3 为主动控制的陷波特性曲线图。

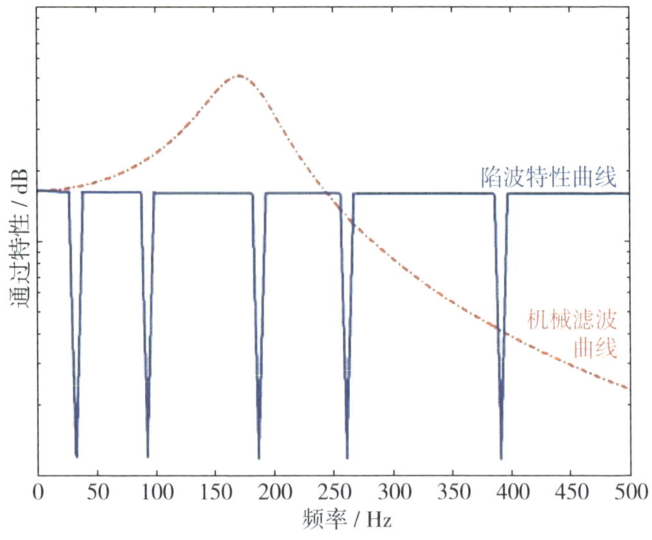

图2-3　装置反相抵消示意图

图 2—4 为主动隔振作动器，m_1，m_2 分别为原系统和附加系统的质量；x_1，x_2 分别为原系统和附加系统的位移；k_1，k_2 分别为原系统和附加系统弹簧弹性系数；F_1 为系统外激励。

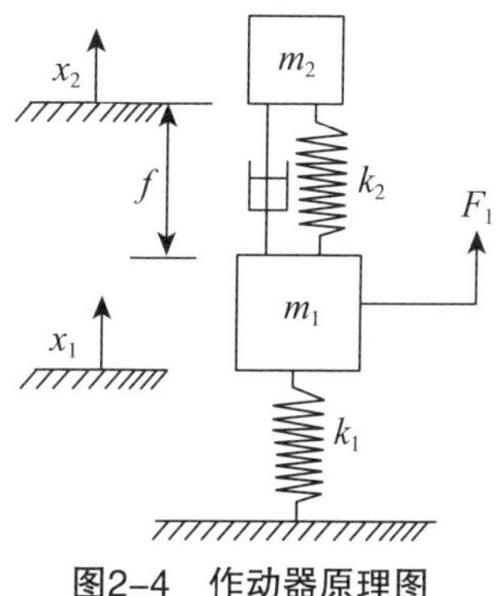

图2-4　作动器原理图

分别对 m_2 和 m_1 进行受力分析，有

$$
\begin{aligned}
&F_{k2}+F_{\mu}-f=-m_2\ddot{x}_2,\\
&F_{k2}+F_{\mu}-F_{k1}-f+F=m_1\ddot{x}_2
\end{aligned}
\tag{2—1}
$$

其中，$F_1=F_0\sin\omega t$；$F_{\mu}=c(\dot{x}_2-\dot{x}_1)$为附加系统阻尼力；$c$ 为阻尼系数；$F_{k2}=k_2(x_{2.}\ x_1)$ 为附加系统弹簧弹性力；$F_{k1}=k_1x_1$ 为原系统弹簧弹性力。采用线性控制法，主动控制力与原系统的速度成正比，即 $f=c_d\dot{x}_1$，c_d 为控制力系数。将上述各式分别代入式（2—1）得到系统动力学方程，即

$$
\begin{bmatrix} m_1 & \\ & m_2 \end{bmatrix}\begin{Bmatrix} \ddot{x}_1 \\ \ddot{x}_2 \end{Bmatrix}+\begin{bmatrix} c+c_d & -c \\ -c-c_d & c \end{bmatrix}\begin{Bmatrix} \dot{x}_1 \\ \dot{x}_2 \end{Bmatrix}+\begin{bmatrix} k_1+k_2 & -k_2 \\ -k_2 & k_2 \end{bmatrix}\begin{Bmatrix} x_1 \\ x_2 \end{Bmatrix}=\begin{Bmatrix} F_1 \\ 0 \end{Bmatrix}
\tag{2—2}
$$

$$\begin{Bmatrix} x_1 \\ x_2 \end{Bmatrix} = \begin{Bmatrix} a_{11} \\ a_{21} \end{Bmatrix} \sin\omega t + \begin{Bmatrix} a_{12} \\ a_{22} \end{Bmatrix} \cos\omega t \tag{2—3}$$

代入方程（2—3），考虑三角函数的正交性，有

$$\begin{bmatrix} -\omega^2 m_1 + (k_1 + k_2) & -k_2 & -\omega(c + c_d) & \omega c \\ -k_2 & -\omega^2 m_2 + k_2 & \omega(c + c_d) & -\omega c \\ \omega(c + c_d) & -\omega c & -\omega^2 m_1 + (k_1 + k_2) & -k_2 \\ -\omega(c + c_d) & \omega c & -k_2 & -\omega^2 m_2 + k_2 \end{bmatrix} \begin{Bmatrix} a_{11} \\ a_{21} \\ a_{12} \\ a_{22} \end{Bmatrix} = \begin{Bmatrix} F_0 \\ 0 \\ 0 \\ 0 \end{Bmatrix} \tag{2—4}$$

假定附加系统固有频率与原系统自振频率相等，即 $\omega_2 = \omega_1$，当 $k_2 = m_2\omega_2$ 即附加系统的固有频率与外激励频率相等时，解得：

$$|X_{1\min}| = \sqrt{(c\omega)^2} F_0 / \sqrt{[k_2 m_2 \omega^2]2 + [(c\omega)(k_1 - m_2\omega^2 - m_1\omega^2) + c_d m_2 \omega^3]^2}$$

$$|X_{2\max}| = \sqrt{k_2{}^2 + (c + c_d)^2 \omega^2} F_0 / \sqrt{[k_2 m_2 \omega^2]2 + [(c\omega)(k_1 - m_2\omega^2 - m_1\omega^2) + c_d m_2 \omega^3]^2} \tag{2—5}$$

从式（2—5）可看出，主动控制力的存在使得原有系统 m_1 的振幅减小，附加隔振系统 m_2 的振幅增大，主动控制力系数 c_d 相当于对 m_1 的阻尼系数。若 $c_d = 0$，即主动控制力为 0，此时系统就是被动隔振系统，说明作动器不启动。

当主动控制装置作动器启动时，m_1 的最大势能、最大动能分别为：

$$E_{U\max} = k_1 |X_1|^2/2 = m_1\omega_1^2 |X_1|^2/2 \tag{2—6}$$

$$E_{V\max} = m_1\omega_1^2 |X_1|^2/2 \tag{2—7}$$

显然，能量的最大值为：

$$E_{\max} = \max\{ m_1\omega^2 |X_1|^2/2, m_1\omega^2 |X_1|^2/2\} \tag{2—8}$$

一个周期内附加系统控制力所做的功为：

$$W = \int f \, \mathrm{d}x_1 = c_d \pi \omega \mid X_1 \mid^2 \tag{2-9}$$

为了使作动器有更好的隔振效果，应该使控制力一个周期内所做的功尽可能大，即

$$W = k_d E_{max} = \begin{cases} k_d E_{Umax}, \omega < \omega_1 \\ k_d E_{Vmax}, \omega > \omega_1 \end{cases} \tag{2-10}$$

其中，k_d 为主动式动力作动器的能量转移系数，表示每周期转移的系统能量占系统本周期内最大能量（最大势能或最大动能）的比例。显然，$k_d \leqslant 1$。

联立上式可得作动器的主动控制力系数为：

$$c_d = k_d E_{\max} / \pi\omega \mid X_1 \mid^2 = \begin{cases} k_d E_{U\max} / \pi\omega \mid X_1 \mid^2 = k_d m_1 \omega_1^2 / 2\pi\omega, \omega < \omega_1 \\ k_d E_{V\max} / \pi\omega \mid X_1 \mid^2 = k_d m_1 \omega^2 / 2\pi\omega, \omega > \omega_1 \end{cases} \tag{2-11}$$

可见当外激励频率与原结构固有频率一致时，主动控制力几乎为 0，这时整个系统以被动控制为主，能量转移越多，所需的主动控制力越大；当外激励频率小于原结构固有频率（$\omega < \omega_1$）时，比 $\omega > \omega_1$ 所需的主动控制力大。

2.2　单层隔振系统主动控制动力学特性分析

2.2.1　单层被动隔振系统传递特性

单层被动隔振由于其安装简单、隔振效果较好，是目前应用最为广泛的被动隔振形式。单层被动隔振系统在有

效地减弱扰动源将自身振动沿基座向船体结构传递的同时，设备仍能保持良好的稳定性与较小的位移量，因此，单层被动隔振通常用于船舶主机的隔振以及用于扰动力较小的船舶辅机设备、电器仪表的隔振。

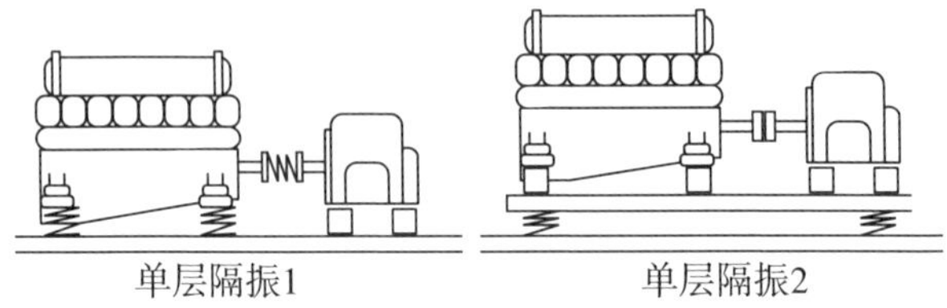

图2-5　单层隔振装置示意图

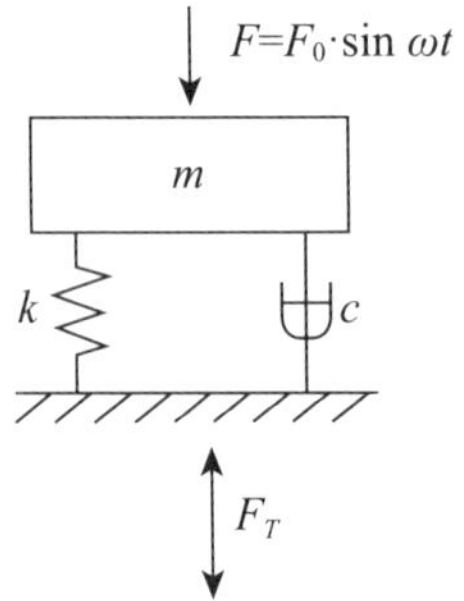

图2-6　单层隔振系统的力学模型

单层被动隔振系统的简化物理模型可用单质量—弹簧系统表示（见图 2—5），其力学模型可见图 2—6。图2—2中，减振器通常被认为是没有质量只有刚度和阻尼的弹簧。假定被隔振设备在扰动力 $F=F_0\cdot\sin\omega t$ 的激励下，通过减振器传递到基座的力为 F_T，则该单自由度系统的力传递率 T_A 可以表示为：

$$T_A = \left| \frac{F_T}{F_0} \right| = \sqrt{\frac{1+(2\xi\lambda)^2}{(1-\lambda^2)^2+(2\xi\lambda)^2}} \tag{2-12}$$

式中，频率比 $\lambda = \dfrac{\omega}{\omega_n}$；阻尼比 $\xi = \dfrac{C}{C_C}$。

依据式（2—12）计算得到的被动隔振系统的传递率曲线已在图 2—7 中给出。该传递率曲线反映了不同阻尼比下的隔振效果随频率比（扰动力频率/隔振系统固有频率）的变化规律。可见，单层隔振系统的效率随着频率的提高而提高。此外，适当的阻尼有利于抑制共振区域的振动，过大的阻尼虽然能有效抑制共振区域的振动，但是会增强高频振动的传递。

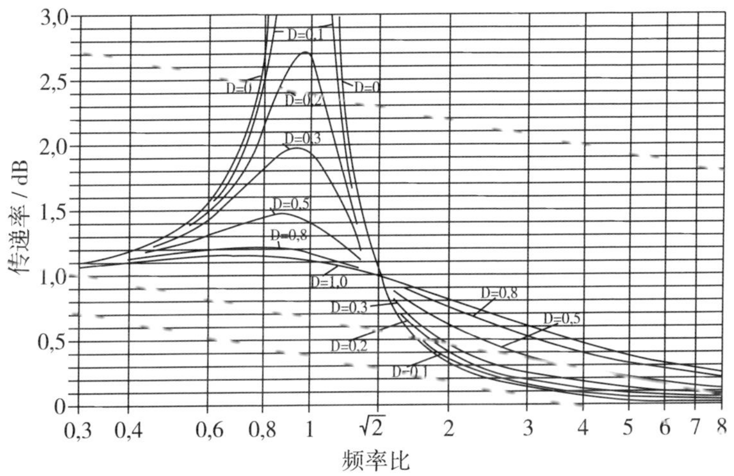

图2-7　单层隔振系统的振动传递率

从理论上讲，单层被动隔振系统的效率随着频率的提高按每倍频程 12dB 提高，但在实际上，隔振效率在数百赫兹以上就会由于隔振器元件的驻波效应而受到限制，不再随着频率的提高而进一步提高。此外，当隔振装置的基础刚性不满足无限大的理想刚性时，隔振系统的效率依赖于实际基础的刚性，基础的刚性越低，单层隔振系统的效率就下降得越多。

此外，当设备的主要扰动频率较低时，被动隔振系统的设计刚度必须很低。过分柔软的隔振系统会导致系统的稳定性变差。增强隔振系统的支承刚度、提高隔振系统的固有频率将导致单层隔振系统的低频特性变差。

2.2.2 单层隔振系统主动控制动力学特性分析

单层隔振系统施加主动控制，其动力学模型通常是在传统被动隔振的基础上并联一个作动器，见图 2—8。

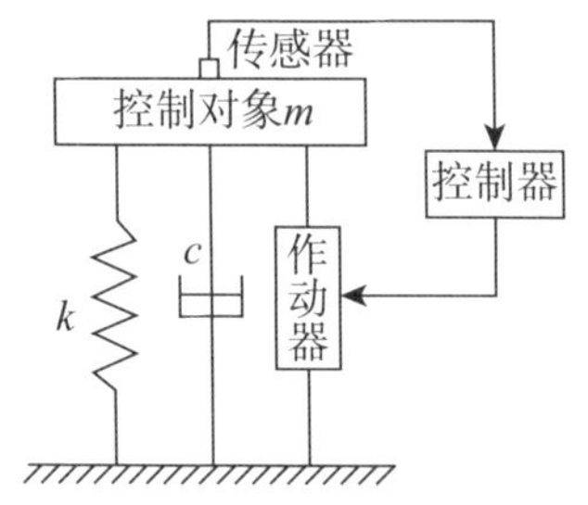

图2-8 单层隔振系统的主动控制

图 2—8 中 c,k,m 分别是被动隔振器的阻尼、刚度和振动质量，f_a 表示作动器按照一定规律产生的作动力，这里令作动器产生主动作动力。可以得到单层隔振系统的主动控

制运动方程为

$$ms^2X(s)+csX(s)+kX(s)=F(s)-H(s)X(s)$$

可得

$$X(s)=\frac{F(s)}{ms^2+cs+k+H(s)}$$

传递到基础上的力为

$$F_t=c\dot{x}+kx+F_a$$

进行 Laplace 变换，得

$$F_t=(cs+k+H(s))X(s)$$

可得系统力传递函数为

$$T_t=\frac{F_t(s)}{F(s)}=\frac{cs+k+H(s)}{ms^2+cs+k+H(s)}$$

令 $s=j\omega$，由上式可得单层隔振系统主动控制的传递率为

$$T_f=\left|\frac{F_t}{F}\right|=\left|\frac{H(j\omega)+j\omega c+k}{k-m\omega^2+j\omega c+H(j\omega)}\right|$$

由上式可以看出，与单层被动隔振传递率相比，单层隔振的主动控制系统的传递率掺入了作动器传递率的影响。通过合理设置作动器的传递率可以使隔振系统在共振频率点出现了极大值，有效提升了该外的隔振效果。

2.2.3　单层隔振主动控制系统影响要素

图 2—9 为单层隔振系统实施主动控制的反馈控制原理框图。根据反馈控制流程进行主动隔振影响要素分析。

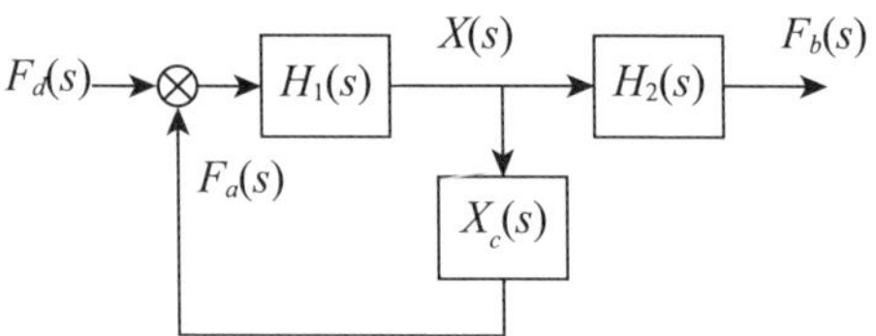

图2-9　单层隔振系统诸多控制的反馈控制原理框图

力传递率为

$$\frac{F_b(s)}{F_d(s)}=\frac{s.c+k}{m s^2+s.c+k+\lambda}$$

系统的运动动力学方程为

$$m\ddot{x}+c\dot{x}+kx=f_d-f_a$$

$$c\dot{x}+kx=f_b$$

采用振动质量的速度和加速度为反馈信号时，分别代入力传递率计算式再经拉普拉斯变换可得力的传递率为

$$\text{速度反馈}\ \frac{F_b(s)}{F_d(s)}=\frac{s.c+k}{m s^2+s.(c+\alpha)+k}$$

$$\text{加速度反馈}\ \frac{F_b(s)}{F_d(s)}=\frac{s.c+k}{(m+\beta)s^2+s.c+k}$$

分析表明，增加加速度反馈增益，实际上相当于增加了系统的质量，因而降低了系统的固有频率，使得系统的高频隔振效果增加，而低频隔振效果下降。

增大速度反馈增益，提高了系统在共振区附近的隔振效果，而对其他频率处的隔振效果没有明显改变。

增加位移反馈增益，实际上相当于增加了系统的刚度，因而提高了系统的固有频率，使得系统的低频隔振效果显著增加。

2.3　双层隔振系统主动控制动力学特性分析

2.3.1　双层被动隔振系统传递特性分析

为了提高被动式隔振系统的效率，双层被动隔振技术从 20 世纪 80 年代以来得到迅速发展，并且在船舶上得到广泛应用。

双层被动隔振系统是在被隔振设备和安装基座之间再插入一个弹性支承的中间质量，从而提高隔振系统的效率。双层被动隔振系统的简化物理模型可用双质量一弹簧系统表示（见图 2—10），其力学模型可见图 2—11。图中，减振器通常被认为是没有质量只有刚度和阻尼的弹簧。假定被隔振设备在扰动力 $F = F_0 \cdot \sin\omega t$ 的激励下，通过减振器传递到基座的力为 F_T，则该单自由度系统的力传递率 T_A 可以表示为：

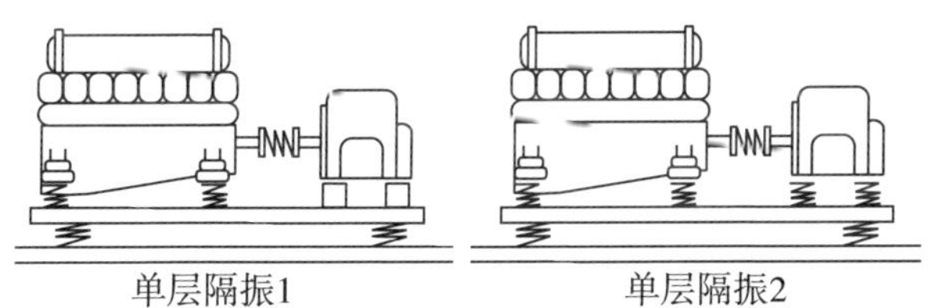

图2-10　双层被动隔振装置示意图

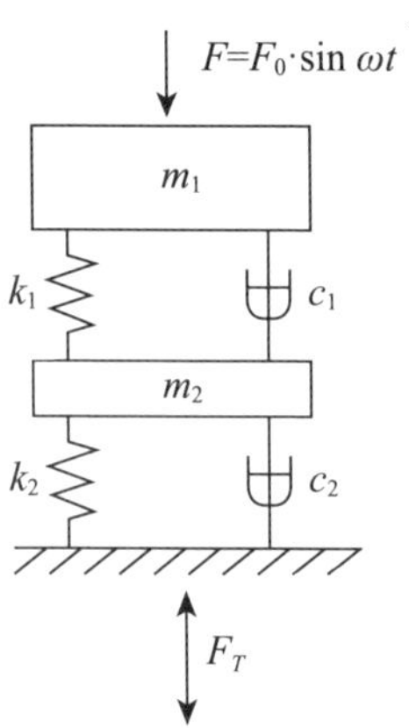

图2-11　双层被动隔振系统的力学模型

$$T_A = \frac{F_{T0}}{F_0} = [k_1 \cdot k_2 - \omega^2 C_1 C_2 + j\omega(k_2 c_1 + k_1 c_2)]/\Delta$$

式中，$\Delta = m_1 m_2 \omega^4 - (m_2 k_2 + m_1 k_2 + m_1 k_1 + c_1 c_2)\omega^2 + k_1 k_2 - j\omega^4(m_2 c_1 + m_1 c_2 + m_1 c_1) + j\omega(c_1 k_2 + c_2 k_1)$

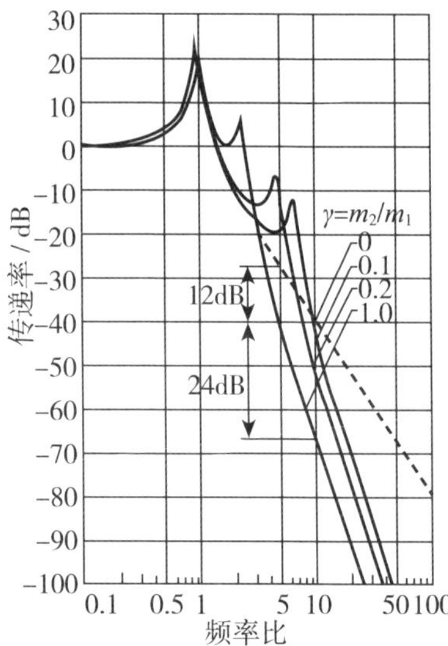

图2-12　典型双层被动隔振系统的振动传递率曲线

依据上式计算得到的被动隔振系统的传递率曲线已在图 2—12 中给出。可见，采用双层被动隔振后，过共振区的振动传递率下降速率将从单层隔振系统的 12dB/倍频程增大到 24dB/倍频程。这对于高频振动的隔离十分有效，因为双层隔振系统具有明显的优点。

通常的刚体化双层被动隔振系统中存在着 12 个振动模态，包括设备与中间质量的垂向、横向、纵向振动模态以及纵倾、横倾、平摇振动模态。因此，双层隔振系统的振动传递率曲线上存在着若干个共振峰。如果双层隔振系统的中间质量取得足够大，减振器参数又比较合理，这些共振峰将集中在一个较窄的频带内，隔振效率将比单层隔振系统有显著的提高。但在一般情况下，各种振动模态的频率较为分散，双层隔振系统的效率不会像理论公式所描述的那样，随着频率的提高而迅速提高。

双层被动隔振系统的最大缺点是在中频段引入众多的谐振以及存在着无效的中间质量，而为了取得良好的隔振效果，该中间质量还不能太小。此外，由于上、下两层减振器的存在，设备的振动位移可能较大。对于与推进器相连的船舶主机，需要在轴系中采用高弹性元件，以补偿主机的振动位移。这除了增加技术难度外，还产生了可靠性的问题。

2.3.2 双层隔振系统主动控制动力学特性分析

双层隔振系统施加主动控制的动力学模型通常如图2—13所示，位移 x_1, x_2 分别为质量块 m_1, m_2 输出量，c_1, c_2，k_1, k_2 分别表示隔振器上下阻尼和上下层刚度，作动器置于 m_1 和 m_2 之间，f_a 为其产生的控制力，F 为振源激励力。

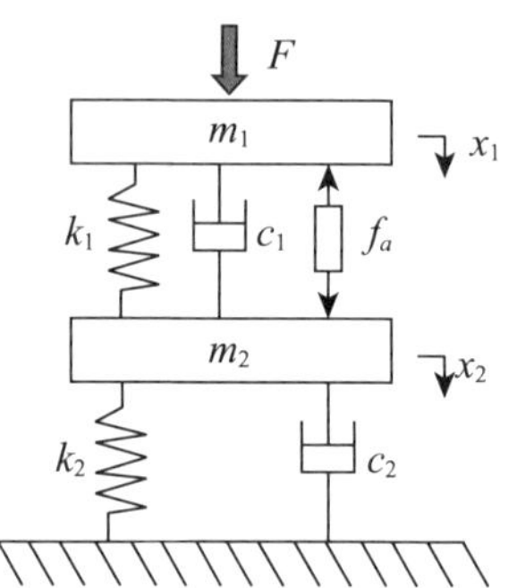

图2–13　双层隔振主动控制系统的动力学模型

双层隔振系统主动控制的运动方程为

$$\begin{bmatrix} m_1 & 0 \\ 0 & m_2 \end{bmatrix}\begin{Bmatrix} \ddot{x}_1 \\ \ddot{x}_2 \end{Bmatrix}+\begin{bmatrix} c_1 & -c_1 \\ -c_1 & c_1+c_2 \end{bmatrix}\begin{Bmatrix} \dot{x}_1 \\ \dot{x}_2 \end{Bmatrix}+\begin{bmatrix} k_1 & -k_1 \\ -k_1 & k_1+k_2 \end{bmatrix}\begin{Bmatrix} x_1 \\ x_2 \end{Bmatrix}=\begin{Bmatrix} F+f_a \\ -f_a \end{Bmatrix}$$

进行 Laplace 变换，得

$$\begin{bmatrix} m_1 s^2+c_1 s+k_1 & -c_1 s-k_1 \\ -c_1 s-k_1 & m_2 s^2+(c_1+c_2)s+k_1+k_2 \end{bmatrix}\begin{Bmatrix} X_1(s) \\ X_2(s) \end{Bmatrix}=\begin{Bmatrix} F(s)+f_a(s) \\ -f_a(s) \end{Bmatrix}$$

设

$$A=m_1 s^2+c_1 s+k_1$$

$$B=-c_1 s-k_1$$

$$C=m_2 s^2+(c_1+c_2)s+k_1+k_2$$

作动器产生的作动力的规律为

$$f_a = Q_1 x_1 + Q_2 x_2$$

式中的 Q_1 和 Q_2 为控制器增益。

对上式进行 Laplace 变换，得

$$f_a = Q_1 X_1(s) + Q_2 X_2(s)$$

则可得

$$F(s) = \left[\frac{-(C+Q_2)(A-Q_1)}{B+Q_1} + B - Q_2\right] X_2(s)$$

由系统传递到基础上的力 F_t 为

$$F_t = c_2 \dot{x} + k_2 x$$

进行 Laplace 变换，得

$$F_t(s) = (c_2 s + k_2) X_2(s)$$

则可得系统力传递函数 T_f 为

$$T_f = \frac{F_t(s)}{F(s)} = \frac{c_2 s + k_2}{\dfrac{-(C+Q_2)(A-Q_1)}{B+Q_1} + B - Q_2}$$

式中各参数同上，令 $s = j\omega$，即可得到双层隔振系统主动控制力传递率。

主动隔振作动器可以有三种不同的安装方式，其动力学模型如图 2－14 所示。图中 m_1，m_2 分别为隔振对象和中间体的质量；c_1，c_2，k_1，k_2 分别为上、下两层被动隔振器的刚度系数与黏性阻尼系数；f_a 为主动隔振作动器施加的主动控制力；x_1，x_2 均分别为隔振对象和中间体的振动位移；u 为基础的振动位移；f_d 为作用于隔振对象的直接干扰力。

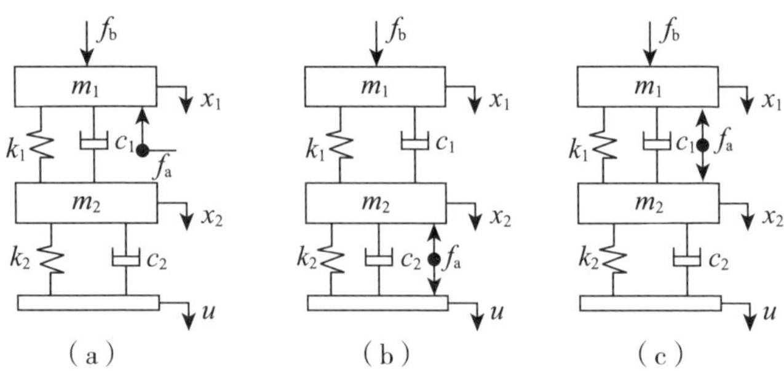

图2-14　双层隔振主动控制系统的动力学模型

2.3.2.1　作动器仅作用于隔振对象时的动力学分析

图 2—14（a）中，作动器仅作用于隔振对象时的动力学模型，该系统的运动方程为

$$\begin{cases} m_1\ddot{x}_1 + c_1(\dot{x}_1 - \dot{x}_2) + k_1(x_1 - x_2) = f_d - f_a \\ m_2\ddot{x}_2 + c_2\ddot{x}_2 + k_2x_2 - c_1(\dot{x}_1 - \dot{x}_2) + k_1(x_1 - x_2) = c_2\dot{u} + k_2u \end{cases}$$

拉式变换得

$$\begin{cases} m_1S^2X_1 + c_1S(X_1 - X_2) + k_1(X_1 - X_2) = F_d(S) - F_a(S) \\ m_2S^2X_2 + c_2SX_2 + k_2X_2 - c_1S(X_1 - X_2) + k_1(X_1 - X_2) = c_2SU + k_2U \end{cases}$$

$$\frac{F_a(s)}{F(s)} = 1 - \frac{(c_1S + k_1)(c_2S + k_2)}{m_1S^2[m_2S^2 + (c_1 + c_2)S + (k_1 + k_2)]}$$

频率特性为

$$\frac{F_a(\omega)}{F(\omega)} = 1 + \frac{f^2 - 4\xi_1\xi_2fg_1^2 + j2(\xi_1f + \xi_2)fg_1}{g_1^2\left[(f^2 + \frac{1}{\mu} - g_1^2) + j2(\frac{\xi_1}{\mu} + \xi_2f)g_1\right]}$$

设 $\omega_1 = \sqrt{\frac{k_1}{m_1}}$，$\omega_2 = \sqrt{\frac{k_2}{m_2}}$，$g_1 = \frac{\omega}{\omega_1}$，$g_2 = \frac{\omega}{\omega_2}$，$\xi_1 = \frac{c_1}{2\sqrt{k_1m_1}}$，$\xi_2 = \frac{c_2}{2\sqrt{k_2m_2}}$，

则力幅比为

$$\frac{F_a}{F}=\frac{1}{g_1^2}\sqrt{\frac{\left[g_1^2\left(f^2+\dfrac{1}{\mu}-g_1^2\right)+f^2-4\xi_1\xi_2 f g_1^2\right]^2}{\left(f^2+\dfrac{1}{\mu}-g_1^2\right)^2+4\left(\dfrac{\xi_1}{\mu}+\xi_2 f\right)^2 g_1^2}+\frac{4\left[(\xi_1 f+\xi_2)f g_1+\left(\dfrac{\xi_1}{\mu}+\xi_2 f\right)g_1^3\right]^2}{\left(f^2+\dfrac{1}{\mu}-g_1^2\right)^2+4\left(\dfrac{\xi_1}{\mu}+\xi_2 f\right)^2 g_1^2}}$$

分析表明，当该双层隔振系统工作在低频区时，对于同样的外激励，需要较大的主动控制力；在高频区，隔振所需的主动控制力与外激励相当；而在固有频率附近，当阻尼比均较小时，此隔振系统出现了一个峰值。

2.3.2.2　作动器安装于中间质量与基础之间时的动力学分析

图 2—14（b）为作动器安装于中间质量与基础之间时的动力学模型，该系统的运动方程为

$$\begin{cases} m_1\ddot{x}_1+c_1(\dot{x}_1-\dot{x}_2)+k_1(x_1-x_2)=f_d \\ m_2\ddot{x}_2+c_2\dot{x}_2+k_2x_2-c_1(\dot{x}_1-\dot{x}_2)-k_1(x_1-x_2)=c_2\dot{u}+k_2u-f_a \end{cases}$$

拉式变换得

$$\begin{cases} c_1SX_2-k_1X_2=F_d(S) \\ m_2S^2X_2+c_2SX_2+k_2X_2-c_1S(X_1-X_2)+k_1(X_1-X_2)=c_2SU+k_2U \end{cases}$$

$$\frac{F_a(s)}{F(s)}=\frac{m_1S^2[m_2S^2+(c_1+c_2)S+(k_1+k_2)]-(c_1S+k_1)(c_2S+k_2)}{m_1S^2(c_1S+k_1)}$$

$$\frac{F_a}{F}=\frac{\mu}{g_1^2}\sqrt{\frac{\left[g_1^2\left(f^2+\dfrac{1}{\mu}-g_1^2\right)+f^2-4\xi_1\xi_2 f g_1^2\right]^2}{1+4\xi_1^2g_1^2}+\frac{4\left[(\xi_1 f+\xi_2)f g_1+\left(\dfrac{\xi_1}{\mu}+\xi_2 f\right)g_1^3\right]^2}{1+4\xi_1^2g_1^2}}$$

分析表明，作动器安装于中间质量与基础之间时在低

频区和高频区，此隔振系统隔振所需的主动控制力要比图2—14 (a)所示作动器仅作用于隔振对象时所需的主动控制力要大得多。

2.3.2.3　作动器安装于隔振对象与中间质量之间时的动力学分析

图 2—14 (c) 为作动器安装于隔振对象与中间质量之间时的动力学模型，其运动方程为

$$\begin{cases} m_1 \ddot{x}_1 + c_1(\dot{x}_1 - \dot{x}_2) + k_1(x_1 - x_2) = f_d - f_a \\ m_2 \ddot{x}_2 + c_2 \ddot{x}_2 + k_2 x_2 - c_1(\dot{x}_1 - \dot{x}_2) - k_1(x_1 - x_2) = c_2 \dot{u} + k_2 u + f_a \end{cases}$$

拉式变换得

$$\begin{cases} c_1 S X_2 - k_1 X_2 = F_d(S) - F_a(S) \\ m_2 S^2 X_2 + c_2 S X_2 + k_2 X_2 + c_1 S X_2 + k_1 X_2 = c_2 SU + k_2 U + F_a(s) \end{cases}$$

$$\frac{F_a(s)}{F(s)} = \frac{m_1 S^2[m_2 S^2 + (c_1 + c_2)S + (k_1 + k_2)] - (c_1 S + k_1)(c_2 S + k_2)}{m_1 S^2(m_2 S^2 + c_2 S + k_2)}$$

力幅比为

$$\frac{F_a}{F} = \frac{1}{g_1^2}\sqrt{\frac{\left[g_1^2\left(f^2 + \frac{1}{\mu} - 4\xi_1\xi_2 f\right) + f^2 - g_1^4\right]^2}{(f^2 - g_1^2)^2 + 4\xi_2^2 g_1^2 f^2} + \frac{4\left[(\xi_1 f + \xi_2) f g_1 + \left(\frac{\xi_1}{\mu} + \xi_2 f\right) g_1^3\right]^2}{(f^2 - g_1^2)^2 + 4\xi_2^2 g_1^2 f^2}}$$

分析表明：在双层隔振系统中，当作动器仅作用于隔振对象时的隔振性能最好，当作动器安装于隔振对象与中间质量之间时的隔振性能次之，而当作动器安装于中间质量与基础之间时的隔振性能最差。

2.3.3　双层隔振系统主动控制影响要素分析

双层隔振系统主动控制可由图 2－15 所示的控制原理框图表示。

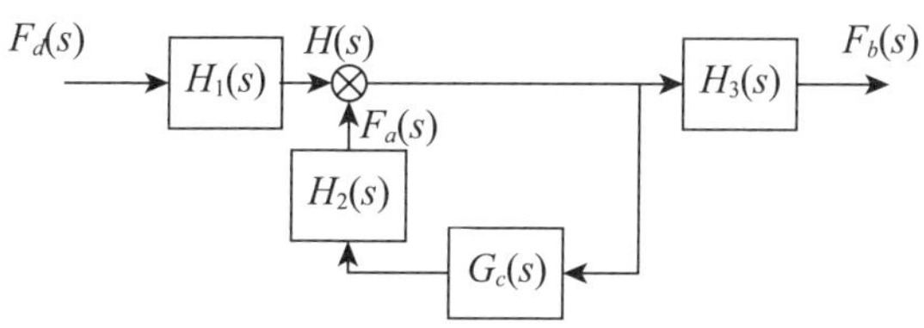

图2-15　双层隔振系统主动控制原理框图

图中，$H_1(s)$ 表示作用在上层被控设备的初级扰动力到中间质量块位移响应之间的传递函数，$H_2(s)$ 表示作用在中间质量块的次级激励力到中间质量块位移响应之间的传递函数，$H_3(s)$ 表示中间质量块位移响应到基础所受的传递力之间的传递函数。$G_c(s)$ 表示反馈环节的传递函数，当以中间质量块的位移为反馈信号时，$G_c(s)=\lambda$；当以中间质量块的速度为反馈信号时，$G_c(s)=\lambda s$；当以中间质量块的加速度为反馈信号时，$G_c(s)=\lambda s^2$。其表达式分别所示如下：

$$H_1(s)=\frac{X_2(s)}{F_d(s)}=-\frac{g_{21}}{g_{12}\,g_{21}-g_{11}\,g_{22}}$$

$$H_2(s)=\frac{X_2(s)}{F_a(s)}=\frac{g_{11}}{g_{11}\,g_{22}-g_{12}\,g_{21}}$$

$$H_3(s)=\frac{F_T(s)}{X_2(s)}=c_2 s+k_2$$

分析表明，与单层隔振系统主动控制类似，双层隔振系统主动控制的位移反馈有着刚度增强的作用，即中间质量块的位移反馈控制增加了系统的刚度，使得系统的第一阶固有频率减小而第二阶固有频率增大，从而使得中低频段的振动特性得到改善，而高频段则没有隔振效果；

中间质量块的速度反馈控制则具有和单层主动隔振速度反馈控制相似的理想阻尼效应，使系统在第一和第二阶固有频率处的力传递率降低，隔振性能得到改善；

而中间质量块的加速度反馈控制也和单层隔振系统被隔设备的加速度反馈控制一样，相当于增加了系统的质量，使得系统的第一阶和第二阶固有频率降低，从而改善了系统高频段的振动特性。

2.4 机械设备主动隔振系统建模及性能仿真

建立隔振系统的动力学模型是对隔振系统的隔振特性进行研究的必要前提。在建模过程中，从不同的角度出发对实际隔振系统进行描述就需要不同的简化方式，从而形成了不同的建模方法。目前，常见的方法有多刚体法、有限元法、四端参数法、阻抗/导纳综合法和功率流分析法等。

随着主动隔振技术日趋进步，其研究对象已经从单自由度系统发展到多自由度系统，单层隔振发展到多层隔振，由简单线性系统发展到复杂非线性系统；控制系统从 SISO 发展到 MIMO；振动方向也由单方向振动发展到多方向耦合振动。

针对不同工程问题的特点、复杂性、精度要求，提出了不同的动力学模型。

2.4.1　传统建模方法概述

隔振系统的建模是进行隔振系统的控制算法研究的必要前提。一般来说，一旦获得针对控制行之有效的模型，就能得到令人满意的控制效果。

隔振系统参数设计将指导主动隔振性能分析，进而为后续的系统设计和核心组件设计提供重要基础。减振系统的建模是进行隔振系统的控制算法研究的必要前提。一般来说，一旦获得针对控制行之有效的模型，就能得到令人满意的控制效果。

从不同的角度对实际减振系统进行建模简化，形成不同的建模方法。目前，国内外减振系统所用到的建模方式主要可归结为多刚体法、有限元法、四端参数法、模态阻抗综合法、机械导纳/阻抗建模法和功率流法等。

1）多刚体法

多刚体系统动力学是在经典力学的基础上产生的科学分支，该方法的简单与实用性使其成为当前减振系统主要建模分析方法之一。它充分体现了集中参数的思想，将多层减振系统中的设备、筏体等均视为没有弹性和阻尼的刚体，将隔振器视为无质量的弹性阻尼元件。但同时这些特点也限制了它在复杂减振系统中的应用。

2）有限元法

有限元法的基本思想：把连续体看成由一些杆、梁、板、壳和体等元件组成的结构系统，且这些梁、板元件之间满足交界面上结点的位移协调条件和结点力的平衡条件。理论上，有限元法可以用于任何复杂结构，但由于与结构的物理形状严格关联，因此有限元法建模方法复杂、烦琐、计算量大，对计算机内存和速度要求高，不适合对减振系统特性参数的讨论。图 2－16 为浮筏被动隔振装置建模的有限元模型。

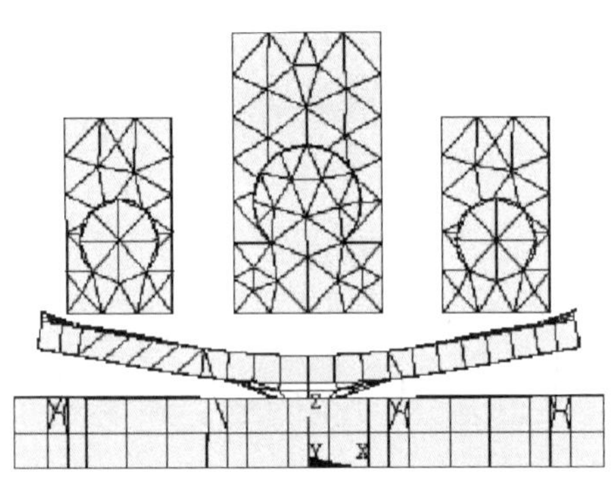

图2–16　某浮筏隔振装置的有限元模型

3）四端参数法

系统的四端参数只由系统本身的动态特性决定，因此四端参数法不但适用于简单元件的组合，而且适用于质量分布元件及复杂的结构系统。由于采用了矩阵运算，即代数运算，因而避免了烦琐的微分方程的求解。采用四端参数法还可以方便地解决诸如弹性元件中的驻波效应、机器支脚的刚性不足以及非刚性基础的振动隔离等用一般方法较难处理的问题。但对于浮筏隔振系统，四端参数法很难运用其中。

4）模态阻抗综合法

模态阻抗综合法是为解决复杂减振系统弹性浮筏建模问题而产生的一种新的理论建模方法。它在阻抗综合法中融入了模态坐标，动力学方程包含了子结构的弹性，克服了多刚体法所不能解决的筏体弹性及基础的非刚性问题。但是，目前模态阻抗综合法只能对子结构是板、梁等简单弹性体的情况有较好的求解，想要在工程上推广还需要进一步的理论研究。

5）机械导纳/ 阻抗建模法

机械导纳/阻抗建模法是一种理论与实验相结合的方法。其基本思路是将构成系统的各组成部分单独考虑，用机械阻抗/导纳来描述其各自的特性，再通过各部分连接点处的连接关系综合得到整个系统的阻抗/导纳方程，从而获得系统的动力学问题的解。

用该方法分析减振系统的动力学问题可以充分考虑基座、筏体以及设备的非刚性特征。许多减振系统的建模都是采用阻抗/导纳综合方法完成的。但是由于在实际应用中构成系统的部件的阻抗不容易求得，因此阻抗/导纳综合建模方法的应用具有一定的局限性。

6）功率流法

利用功率流方法进行振动传递分析的思路：首先根据

系统的动力特性求出隔振支承点的速度（加速度）和相应的力，然后由功率流定义求出通过每一隔振点的功率流。功率流方法的主要优点是同时考虑了传到结构上的力和速度两个量值，即结构的阻抗。功率流方法的主要变化在于系统的动力特性分析手段上。

2.4.2 主动隔振系统多刚体建模仿真

2.4.2.1 单层隔振主动控制系统刚体动力学建模仿真

单层隔振主动隔振控制模型属于多自由度系统。该系统的固有频率通常分布在数十赫兹以下的频率范围内。由于通常设备的刚度远高于减振器的刚度，因此可以将机组看作具有空间六自由度的刚体。于是，单层隔振的主动控制系统具有 6 个自由度，包括沿 X、Y、Z 轴的平移以及绕 X、Y、Z 轴的转动。建立模型见图 2—17。

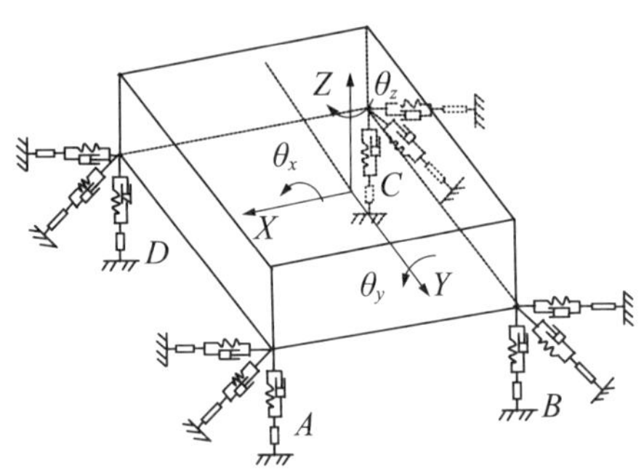

图2-17　单层隔振主动隔振系统力学模型

可利用拉格朗日方程和虚功原理，推导单层隔振主被动控制系统的运动方程。

机械系统的动能为其随质心的平动动能和绕质心的转动动能之和，即

$$T = T_{平} + T_{转} = \frac{1}{2}m(\dot{x}^2 + \dot{y}^2 + \dot{z}^2) + \frac{1}{2}\sum_{i=1}^{\infty} m_i v_i^2$$

$$= \frac{1}{2}m(\dot{x}^2 + \dot{y}^2 + \dot{z}^2) + \frac{1}{2}(J_x\dot{\theta}_x + J_y\dot{\theta}_y + J_z\dot{\theta}_z) - (J_{xy}\dot{\theta}_x\dot{\theta}_y + J_{yz}\dot{\theta}_y\dot{\theta}_z + J_{zx}\dot{\theta}_z\dot{\theta}_x)$$

式中，系统的转动惯量和惯性积为

$$J_x = \sum_{i=1}^{\infty} m_i(y_i^2 + z_i^2), J_y = \sum_{i=1}^{\infty} m_i(x_i^2 + z_i^2), J_z = \sum_{i=1}^{\infty} m_i(x_i^2 + y_i^2)$$

$$J_{xy} = \sum_{i=1}^{\infty} m_i x_i y_i, J_{yz} = \sum_{i=1}^{\infty} m_i y_i z_i, J_{zx} = \sum_{i=1}^{\infty} m_i z_i x_i$$

上式可写成矩阵形式：

$$T = \frac{1}{2}\{\dot{Q}\}^{\mathrm{T}}[M]\{\dot{Q}\}$$

式中，广义速度列向量 $\{\dot{Q}\}^{\mathrm{T}} = \{\dot{x}\dot{y}\dot{z}\dot{\theta}_x\dot{\theta}_y\dot{\theta}_z\}$ 、质量矩阵 $[M]$ 为如下对称矩阵：

$$[M] = \begin{bmatrix} m & & & & & \\ & m & & & & \\ & & m & & & \\ & & & J_{xx} & -J_{xy} & -J_{xz} \\ & & & -J_{yx} & J_{yy} & -J_{yz} \\ & & & -J_{zx} & -J_{zy} & J_{zz} \end{bmatrix}$$

单层隔振主动控制系统在外力 F 作用条件下的振动微分方程，即设备单层隔振主动控制系统的动力学方程：

$$[M]\{\ddot{Q}\} + [C]\{\dot{Q}\} + [K]\{Q\} = F$$

基于此动力学方程，可进行相关性能建模仿真，评价单层隔振主动控制效果。

以某机组单层隔振主动装置为例，进行建模仿真。机组的质量为 16000 kg，外部尺寸为 4600mm×2200mm×2400mm，下方 8 个减振器的三向刚度分别为 5.8×10^5 N/m、5.8×10^5 N/m 以及 4.8×10^5 N/m，三向阻尼系数分别为 2996 Ns/m、2996 Ns/m 以及 5137 Ns/m。

将上述单层隔振系统的减振器刚度与阻尼做等效处理。在保持隔振系统的总刚度和总阻尼不变的前提下，将支承机组的减振器减为 4 个，但是保留其三向刚度与阻尼，以便进行控制效能研究。简化后的单层主动隔振控制系统方案见图 2—18，其中包括作动器并联与串联的 2 种方案。

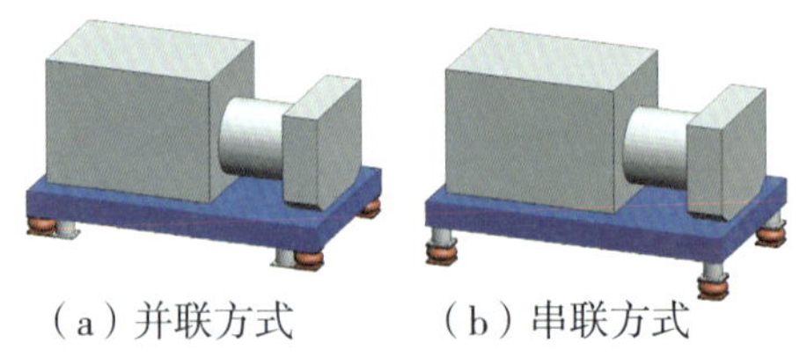

（a）并联方式　　（b）串联方式

图2-18　单层隔振主动控制系统模型

针对上述单层隔振主动控制系统方案，进一步确定了控制系统的力学模型。在该模型中，机组的质量保持 16000 kg不变，单个减振器的三向动刚度分别折算为 1.16×10^6 N/m、1.16×10^6 N/m 以及 9.6×10^5 N/m，三向阻尼系数分别为 5932 Ns/m、5932 Ns/m 以及 10274 Ns/m。

在以上建模的基础上，进行主动隔振系统控制效能的仿真，主要是隔振效率分析，以力传递率为考核指标。设机组运转时产生一个激振力 F，其在激起机组自身振动的同时，通过隔振系统传递到设备安装基座，形成对基座的激励力。为了降低机组的振动激励及其传递效率，隔振系统通过作动器产生一个正比于机组速度的控制力。

在理想的控制系统硬件的条件下，作动器控制力具有较宽的频率范围。仿真结果如图所示 2—19，主动隔振系统控制的隔振效率明显优于单纯的被动隔振系统。隔振系统的 1 阶力传递率从 80.4 下降到 19.5，大约降低了 12.3dB，2 阶力传递率降低了 6.0dB，其他各阶力传递率均有不同程度的降低。

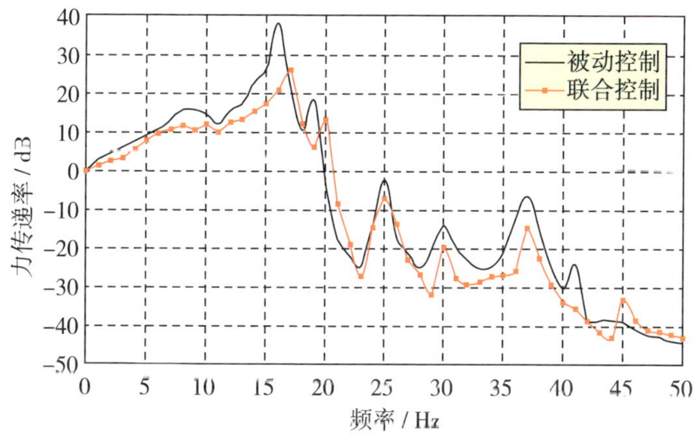

图2–19　单层隔振系统主、被动控制效果对比

2.4.4.2　双层隔振主动控制系统刚体动力学建模及仿真

双层隔振主动控制系统模型属于多自由度系统。该系统固有频率通常在数十赫兹以下的频率范围内。由于机组与中间质量（筏架）的刚度远高于隔振系统中的减振器刚度，机组与中间质量（筏架）的振动在数十赫兹以下的频率范围内只存在刚体模态，不会出现弹性振动模态。因此，将机组与中间质量（筏架）分别看作具有空间六自由度刚体。整个双层主动隔振系统具有 12 个自由度，包括沿 X、Y、Z 轴的平移以及绕 X、Y、Z 轴的转动。建立双层隔振主动控制系统模型，见图 2—20。

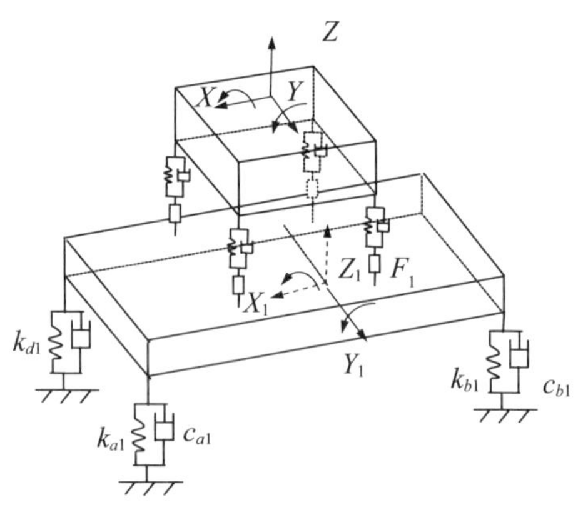

图2–20　双层主动隔振系统力学模型

利用拉格朗日方程推导双层隔振主动控制系统的运动方程。建立简化的六自由度力学模型，用于隔振系统的仿真、控制效果分析。在确定了系统的力学模型后，可利用拉格朗日方程，推导双层隔振主动控制系统的运动方程，确定仿真模型。具体步骤如下；

系统的动能：

$$T=\sum_{i=1}^{7}\frac{1}{2}m_i\dot{x}_i^2 \qquad i=1,2,3,4,5,6$$

系统的势能：

$$V=\frac{1}{2}k_4(x_4-x_1-l_fx_2+ax_3)2+\frac{1}{2}k_{4t}(x_{40}-x_4)2+\frac{1}{2}k_5(x_5-x_1-l_rx_2-bx_3)2$$

$$+\frac{1}{2}k_{5t}(x_{50}-x_5)2+\frac{1}{2}k_6(x_6-x_1+l_fx_2+ax_3)2+\frac{1}{2}k_{6t}(x_{60}-x_6)2$$

瑞利散逸功：

$$R=\frac{1}{2}c_4(\dot{x}_4-\dot{x}_1-l_f\dot{x}_2+a\dot{x}_3)2+\frac{1}{2}c_5(\dot{x}_5-\dot{x}_1-l_r\dot{x}_2-b\dot{x}_3)^2$$

$$+\frac{1}{2}c_6(\dot{x}_6-\dot{x}_1+l_f\dot{x}_2+a\dot{x}_3)2$$

由拉格朗日方程 $\frac{\mathrm{d}}{\mathrm{d}t}\left(\frac{\partial T}{\partial \dot{x}_i}\right)-\frac{\partial T}{\partial x_i}+\frac{\partial V}{\partial x_i}+\frac{\partial R}{\partial \dot{x}_i}=0$，可得到双层隔振系统沿各个方向的运动方程如下。

方程 1：

$$m_1\ddot{x}_1-k_4(x_4-x_1-l_fx_2+ax_3)-k_5(x_5-x_1-l_rx_2-bx_3)-k_6(x_6-x_1+l_fx_2+ax_3)$$

$$-c_4(\dot{x}_4-\dot{x}_1-l_f\dot{x}_2+a\dot{x}_3)-c_5(\dot{x}_5-\dot{x}_1-l_r\dot{x}_2-b\dot{x}_3)-c_6(\dot{x}_6-\dot{x}_1+l_f\dot{x}_2+a\dot{x}_3)=0$$

方程 2：

$$m_2\ddot{x}_2-l_fk_4(x_4-x_1-l_fx_2+ax_3)-l_rk_5(x_5-x_1-l_rx_2-bx_3)+l_fk_6(x_6-x_1+$$

$$l_fx_2+ax_3)+l_rk_7(x_7-x_1+l_rx_2-bx_3)-l_fc_4(\dot{x}_4-\dot{x}_1-l_f\dot{x}_2+a\dot{x}_3)-l_rc_5(\dot{x}_5-$$

$$\dot{x}_1-l_r\dot{x}_2-b\dot{x}_3)+l_fc_6(\dot{x}_6-\dot{x}_1+l_f\dot{x}_2+a\dot{x}_3)=0$$

方程 3：

$$m_3\ddot{x}_3+ak_4(x_4-x_1-l_fx_2+ax_3)-bk_5(x_5-x_1-l_rx_2-bx_3)+ak_6(x_6-x_1+l_fx_2+ax_3)$$

$$+ac_4(\dot{x}_4-\dot{x}_1-l_f\dot{x}_2+a\dot{x}_3)-bc_5(\dot{x}_5-\dot{x}_1-l_r\dot{x}_2-b\dot{x}_3)+ac_6(\dot{x}_6-\dot{x}_1+l_f\dot{x}_2+a\dot{x}_3)=0$$

方程 4：

$$m_4\ddot{x}_4+k_4(x_4-x_1-l_fx_2+ax_3)-k_{4t}(x_{40}-x_4)+c_4(\dot{x}_4-\dot{x}_1-l_f\dot{x}_2+a\dot{x}_3)=0$$

方程 5：

$$m_5\ddot{x}_5+k_5(x_5-x_1-l_rx_2-bx_3)-k_{5t}(x_{50}-x_5)+c_5(\dot{x}_5-\dot{x}_1-l_r\dot{x}_2-b\dot{x}_3)=0$$

方程 6：

$$m_6\ddot{x}_6+k_6(x_6-x_1+l_fx_2+ax_3)-k_{6t}(x_{60}-x_6)+c_6(\dot{x}_6-\dot{x}_1+l_f\dot{x}_2+a\dot{x}_3)=0$$

在前面推导得到的 6 个运动微分方程的基础上，将作动器引入，得到一个新的方程，形成主动控制。新方程的形式为：

$$M\ddot{x}+C\dot{x}+Kx=B_1u+B_2w$$

如果以作动器取代减振器模型中的阻尼元件而保留弹簧，则控制方程形式可调整为：

$$M\ddot{x}+Kx=B_1u+B_2w$$

通常仿真中采用无限时间调节器的输出反馈得到最佳反馈增益，并用作检验控制效果的标准。因此，还可将上式进一步写成状态方程形式：

$$\dot{z}=Az+B_1^*u+B_2^*w$$

$$y=Cz+Du$$

式中，z 和 y 分别为状态向量和输出向量，均由 x_i 和 $\dot{x}_i$（$i=1,2,3,4,5,6$）组成。其中：

$$z=(x_1\dot{x}_1x_2\dot{x}_2x_3\dot{x}_3x_4\dot{x}_4x_5\dot{x}_5x_6\dot{x}_6)^{\mathrm{T}}$$

$$y=(x_1\ddot{x}_1x_2\ddot{x}_2x_3\ddot{x}_3x_4\ddot{x}_4x_5\ddot{x}_5x_6\ddot{x}_6)^{\mathrm{T}}$$

采用二次型输出调节器进行主动控制，取目标函数为：

$$J=\frac{1}{2}\int_0^\infty[qq_2y_2^2+qq_4y_4^2+qq_6y_6^2+qq_8y_8^2+qq_{10}y_{10}^2+qq_{12}y_{12}^2+qq_{14}y_{14}^2$$

$$+u^{\mathrm{T}}Ru+qq_1(y_7-y_1-l_fy_3+ay_5)2+qq_3(y_9-y_1-l_ry_3-by_5)2+$$

$$qq_5(y_{11}-y_1+l_fy_3+ay_5)2]\mathrm{d}t$$

将目标函数写成矩阵形式：

$$J=\frac{1}{2}\int_0^{\infty}(y^{\mathrm{T}}Qy+u^{\mathrm{T}}Ru)\mathrm{d}t。$$

其中，R 为正定矩阵，Q 为半正定矩阵，R 为控制力的加权系数。

利用变分法或者 Pontryagin 极小值原理，最优控制变量 $u(t)$ 为：

$$u(t)=-K'z(t)$$

式中，K' 为状态反馈增益矩阵。

$$K'=(R')^{-1}(B^{\mathrm{T}}P+N^{\mathrm{T}})$$

其中，$N=C^{\mathrm{T}}QD$，$R'=D^{\mathrm{T}}QD+R$。上式中，P 满足 Riccati 矩阵代数方程：

$$A^{\mathrm{T}}P+PA-(PB+N)R^{-1}(B^{\mathrm{T}}P+N^{\mathrm{T}})+C^{\mathrm{T}}QC=0$$

以上为系统动力学方程，基于此进行系统仿真，评价双层隔振主动控制系统的控制效果。

图 2—20 给出的力学模型可以通过参数的简单设置，转换成其他隔振方式的模型或者反映隔振系统的其他边界条件。在此过程中，只需调整相关参数，整个系统的动力学方程没有发生变化。

以某机组双层隔振主动控制装置为例，进行建模及仿真。设备机组的质量为 4426 kg，外部尺寸为 4276mm×1952mm×2155 mm，通过机组下方 10 个减振器弹性安装在中间质量（筏架）上。减振器的垂向刚度均为 2.388×10^{6} N/m。中间质量（筏架）的质量为 2156 kg，尺寸为4000mm×

6000mm×500 mm，材料密度为 7.6×10^3 kg/m^3，弹性模量为 1.84×10^{11} N/m^2，通过筏架下方 14 个减振器弹性安装在设备基座上。减振器的垂向刚度均为 1.7×10^6 N/m。

对控制对象作适当简化，以建立其力学模型与仿真模型。将上述双层隔振系统中的上、下两层减振器的刚度与阻尼做了等效处理。在保持隔振系统的上、下两层总刚度和总阻尼不变的前提下，将支承机组的上层减振器减为 4 个，支承中间质量（筏架）的下层减振器也减为 4 个，以便进行吸振控制的原理性研究。简化后的隔振系统控制系统见图 2—21，其中包括作动器位于上下层以及并串联的 4 种组合。

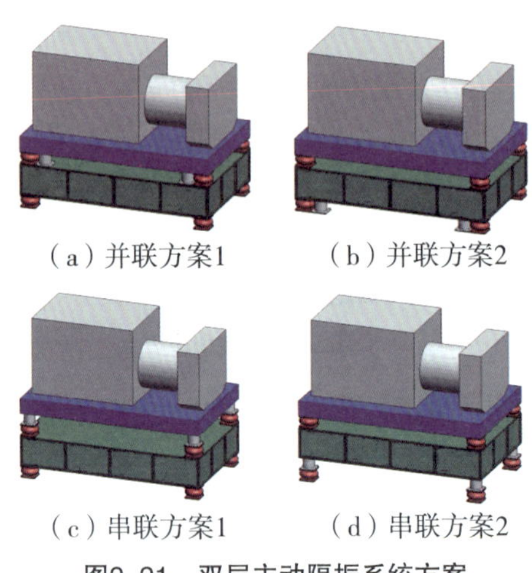
（a）并联方案1　（b）并联方案2

（c）串联方案1　（d）串联方案2

图2-21　双层主动隔振系统方案

针对上述控制系统方案，进一步建立了控制系统的力学模型。在该模型中，机组的质量保持不变，中间质量

（筏架）的质量也保持不变；上层减振器的数量从原先的 10 个减为 4 个后，单个减振器的动刚度折算为 5.97×10^6 N/m，阻尼系数折算为 13003Ns/m；下层减振器的数量从原先的 14 个减为 4 个后，单个减振器的动刚度折算为 6.1×10^6 N/m，阻尼系数折算为 17980Ns/m。

在建模的基础上，进行控制仿真，主要是隔振效率分析，以力传递率为考核指标。设机组运转时产生一个激振力 F，其通过隔振系统传递到设备安装基座，形成对基座的激励力。为了降低机组的振动激励及其传递效率，隔振系统通过作动器产生一个正比于机组速度的控制力。机组速度可以设置为机组相对于中间质量（筏架），也可设置为机组相对于设备安装基座。

在理想的控制系统硬件的条件下，控制力具有较宽的频率范围。仿真结果如图 2—22 所示，主动隔振系统的隔振效率明显优于单纯的被动隔振系统。隔振系统的 1 阶力传递率降低了 11.2 dB，2 阶力传递率降低了 10.2 dB，其他各阶力传递率均有不同程度的降低。

2.4.3　基于功率流的主动隔振系统建模仿真

以传输到基础的功率流最小为最优控制目标，建立多自由度和柔性隔振基础的功率流传递的动力学模型，以实现隔振系统的全局最优控制。

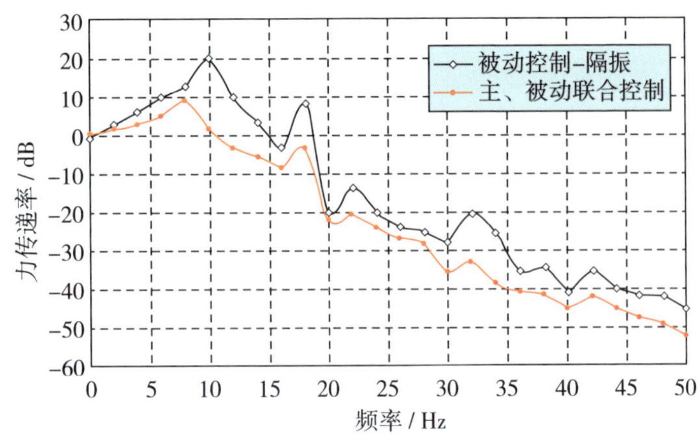

图2-22　双层隔振系统主、被动控制力传递率对比

2.4.3.1　离散模型主动控制系统建模仿真

离散点质量主动控制模型是研究复杂主动隔振模型的基础。图 2—23 所示质点弹簧阻尼隔振模型，其中 m_2 为机器设备，k_2、c_2 为被动隔振器的刚度和阻尼。m_3、c_3、k_3 为作动器的质量、阻尼和刚度。质量 m_1 和阻尼 c_1 刚度 k_1 为弹性基础的集总参数。f 为激励源的干扰力，Q_C 为主动控制。

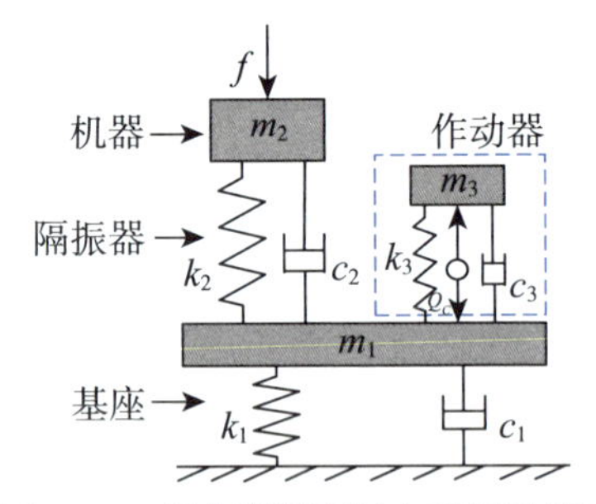

图2-23　质点弹簧阻尼主动隔振模型

图 2—23 所示系统为三自由度主动隔振系统模型，假设外界干扰激励力 f 作用于机器 m_2，作动器产生控制力 Q_C 作用于基座 m_1。

系统质量矩阵、刚度矩阵、阻尼矩阵分别为：

$$\boldsymbol{M}=\begin{bmatrix} m_1 & 0 & 0 \\ 0 & m_2 & 0 \\ 0 & 0 & m_3 \end{bmatrix}\boldsymbol{K}=\begin{bmatrix} k_1+k_2+k_3 & -k_2 & -k_3 \\ -k_2 & k_2 & 0 \\ -k_3 & 0 & k_3 \end{bmatrix}\boldsymbol{C}=\begin{bmatrix} c_1+c_2+c_3 & -c_2 & -c_3 \\ -c_2 & c_2 & 0 \\ -c_3 & 0 & c_3 \end{bmatrix}$$

系统动力学方程为：

$$\boldsymbol{Z}\dot{\boldsymbol{X}}=\boldsymbol{F}\text{ 或者 }\dot{\boldsymbol{X}}=\boldsymbol{YF}$$

其中 $\boldsymbol{Z}$ 为速度阻抗矩阵，$\boldsymbol{Y}$ 为速度导纳矩阵或称为频响函数矩阵，速度矢量 $\dot{\boldsymbol{X}}=[x_1,x_2,x_3]^{\mathrm{T}}$，激励力矢量 $\boldsymbol{F}=[Q_C,f,-Q_C]^{\mathrm{T}}$。系统速度阻抗矩阵为：

$$\boldsymbol{Z}=j\omega\boldsymbol{M}+\frac{\boldsymbol{K}}{j\omega}+\boldsymbol{C}$$

速度导纳矩阵为阻抗矩阵的逆 $\boldsymbol{Y}=inv(\boldsymbol{Z})$。由于输入功率等于系统阻尼损耗的能量，输入基座功率流等于基座的耗能，因此传递基座的功率流可表达为：

$$P_{los}=\frac{1}{2}c_1\mid v_2\mid^2=\frac{1}{2}v_1^* c_1 v_1$$

可见输入基座的功率流仅与基座 m_1 速度的平方有关。将系统导纳矩阵展开为：

$$\begin{bmatrix} v_1 \\ v_2 \\ v_3 \end{bmatrix}=\begin{bmatrix} y_{11} & y_{12} & y_{13} \\ y_{21} & y_{22} & y_{23} \\ y_{31} & y_{32} & y_{33} \end{bmatrix}\begin{bmatrix} Q_C \\ f \\ -Q_C \end{bmatrix}$$

易知：$v_1=y_{12}f+(y_{11}-y_{13})Q_C$。将上式代入功率流表

达式可得关于控制力 Q_C 为变量的表达式：

$$P_{los}=\frac{1}{2}c_2\{Q_C^*(y_{11}-y_{13})^*(y_{11}-y_{13})Q_C+Q_C^*(y_{11}-y_{13})^*y_{12}f$$

$$+(y_{22}f)^*y_{12}Q_C+(y_{22}f)^*y_{12}f\}$$

求 P_{los} 关于 Q_C 的导数：

$$\frac{\partial P_{los}}{\partial Q_c}=\frac{\partial P_{los}}{\partial Q_r}+j\frac{\partial P_{los}}{\partial Q_i}=2(y_{11}-y_{13})^*(y_{11}-y_{13})Q_C+2(y_{11}-y_{13})^*y_{12}f=0$$

最小输入功率流的最优控制力为：

$$Q_{Copt}=-[(y_{11}-y_{13})^*(y_{11}-y_{13})]^{-1}(y_{11}-y_{13})y_{12}f$$

从图 2—24 表示被动隔振与主动隔振控制下输入基座的功率流，可知添加主动控制力之后，输入基座的功率流几乎为零。

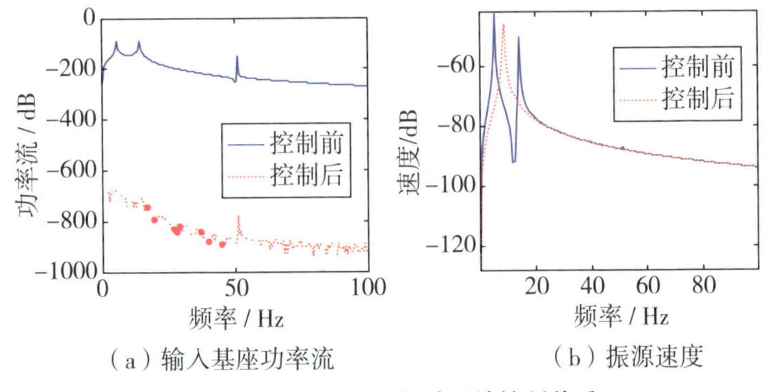

（a）输入基座功率流　　（b）振源速度

图2–24　振动系统控制前后

在工程实际应用中，应将机器和柔性基础作为一个完整的系统来考虑。

主动隔振系统的基础用四边简支的柔性薄板来模拟，振源设备为刚体。安装在基础上的传感器拾取的振动信号，反馈给控制器，向作动器发出运动指令，产生与基础振动方向相反的控制力，从而达到主动抑制基础振动的目的。为此建立如图 2—25 所示的质点弹簧阻尼简支板主动隔振模型。

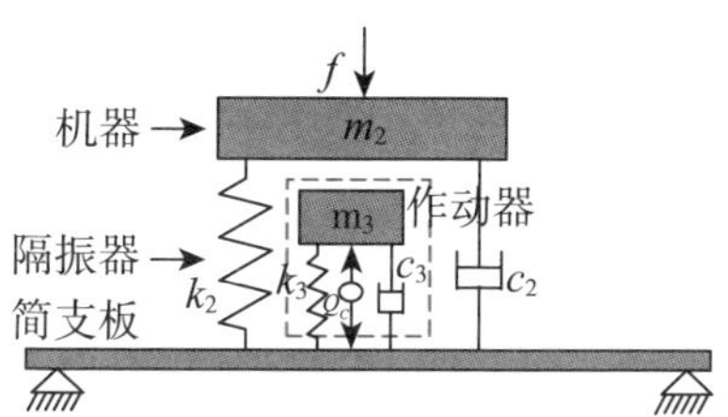

图2-25　简支板柔性基座主动隔振系统模型示意图

该简化模型由三部分组成：质量为 m_2 的振源设备，阻尼器 c_2 和弹簧 k_2 组成的被动隔振器，阻抗为 Z_F 的安装基座。针对隔振系统，我们更加关注传递至基座的功率流 $P_{los} = \frac{1}{2} \mid F \mid^2 \mathrm{Re}\{M_F\}$。其中作用于基座的力 F 与基础的阻抗 Z_F 相关，$F = Z_F V_1$。

振源与基座之间的四端参数为：

$$\begin{bmatrix} f \\ v_2 \end{bmatrix} = \begin{bmatrix} 1 & Z_{m2} \\ 0 & 1 \end{bmatrix} \begin{bmatrix} 1 & 0 \\ \frac{1}{Z_{kc2}} & 1 \end{bmatrix} \begin{bmatrix} F_2 \\ v_1 \end{bmatrix}$$

作动器与基座之间的四端参数为：

$$\begin{bmatrix} -Q_C \\ v_3 \end{bmatrix} = \begin{bmatrix} 1 & Z_{m3} \\ 0 & 1 \end{bmatrix} \begin{bmatrix} 1 & 0 \\ \frac{1}{Z_{kc3}} & 1 \end{bmatrix} \begin{bmatrix} F_3 \\ v_1 \end{bmatrix}$$

且 $v_1 = M_F F$，M_F 为基座原点导纳。

$$F = F_2 + F_3 + Q_C$$

F_2 和 F_3 分别为隔振器与基座的界面力，作动器被动部分与基座的界面力。机械阻抗为 $Z_{m2} = jm_2\omega$，隔振器弹簧阻尼为 $Z_{kc2} = (k_2 + j\omega c_2)/j\omega$。同理，作动器的机械阻抗为 $Z_{m3} = jm_3\omega$，隔振器弹簧阻抗 $Z_{kc3} = (k_3 + j\omega c_3)/j\omega$。为此，采用四端参数法分析基座阻抗与功率关系，可得：

$$f = F_2 + F_2 \frac{Z_{m2}}{Z_{kc2}} + Z_{m2} v_1$$

$$-Q_C = F_3 + F_3 \frac{Z_{m3}}{Z_{kc3}} + Z_{m3} v_1$$

由阻抗与导纳的关系 $Z_m = 1/Y_m$，$Z_k = 1/Y_k$，将上式转化为导纳形式：

$$f = F_2 + F_2 \frac{Y_{kc2}}{Y_{m2}} + \frac{1}{Y_{m2}} v_1$$

$$-Q_C = F_3 + F_3 \frac{Y_{kc3}}{Y_{m3}} + \frac{1}{Y_{m3}} v_1$$

综合 $F = Z_F V_1$ 进一步得到：

$$F_2 = \frac{fY_f Y_{m2} + fY_{kc3} Y_{m2} + fY_{m3} Y_{m2} - Y_f Y_{kc3} Q_c}{Y_f Y_{kc2} + Y_f Y_{kc3} + Y_f Y_{m2} + Y_f Y_{m3} + Y_{kc2} Y_{kc3} + Y_{kc2} Y_{m3} + Y_{kc3} Y_{m2} + Y_{m2} Y_{m3}}$$

$$F_3 = -\frac{fY_f Y_{m2} + Y_f Y_{kc2} Q_c + Y_f Y_{m2} Q_c + Y_f Y_{m3} Q_c + Y_{kc2} Y_{m3} Q_c + Y_{m2} Y_{m3} Q_c}{Y_f Y_{kc2} + Y_f Y_{kc3} + Y_f Y_{m2} + Y_f Y_{m3} + Y_{kc2} Y_{kc3} + Y_{kc2} Y_{m3} + Y_{kc3} Y_{m2} + Y_{m2} Y_{m3}}$$

则输入基座的功率流为：

$$P_1 = \frac{1}{2} \frac{| f(Y_{kc3} Y_{m2} + Y_{m2} Y_{m3}) + (Y_{kc2} Y_{kc3} + Y_{m2} Y_{kc3}) Q_c |^2}{| Y_f Y_{kc2} + Y_f Y_{kc3} + Y_f Y_{m2} + Y_f Y_{m3} + Y_{kc2} Y_{kc3} + Y_{kc2} Y_{m3} + Y_{kc3} Y_{m2} + Y_{m2} Y_{m3} |^2} \mathrm{Re}\{Y_F\}$$

基于功率流最小的最优控制力为：

$$Q_{copt} = -(Y_{kc2} Y_{kc3} + Y_{m2} Y_{kc3})^{-1} f(Y_{kc3} Y_{m2} + Y_{m2} Y_{m3})$$

计算简支板基座时域平均总能量，见图 2—26，可见添加主动控制力之后，基座总能量几乎为零，消减效果显著。

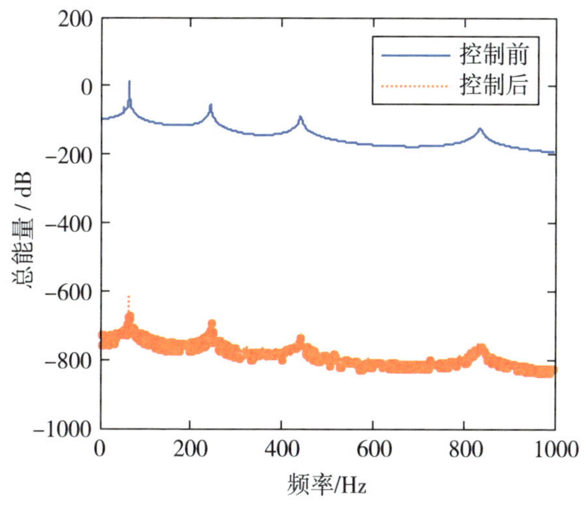

图2-26　控制前后基座的总能量

2.4.4　基于组件的主动隔振系统模块化建模

在实际工程中，一般很难建立被控对象的精确数学模型。而船舶是个多振源系统，系统内部结构比较复杂，各个变量之间存在耦合，每个点激励均会影响所有的响应点，对于整个多激励源的振动控制系统进行建模比较难。

模块化建模思想是指在解决一个复杂模型时，采用“自顶向下”逐层分解的思路，把系统划分成若干个子系统，而子系统又划分为若干个子模块。每个子模块有自己的属性，分别反映其内部特性。通过处理子模块与子模块、子系统与子系统间的链接关系，完成对整个系统的完整描述。

由于主动隔振系统集成了控制与结构及其机电组件，因此与传统减振降噪系统特性有很大的不同，无法完全沿用传统减振降噪系统建模与仿真方法，可根据主动隔振系统各部分组件特点，通过系统作动器的简化力学参数建模与仿真计算、控制策略及控制器的参数建模计算及其除作动器及控制器外的主动隔振系统组件特性建模与仿真分析，实现系统整体的系统建模与参数仿真分析计算关联，达到了建立主动隔振系统理论建模与仿真分析方法的目的。

主动隔振系统由主动隔振装置控制器、驱动器、传感器和低频作动器四大部分组成。

主动隔振装置作动器的理论建模，从力学与实际主动隔振控制角度入手，通过对作动器实际物理复杂结构的动力学简化分析，提炼出既符合实际又利于参数仿真计算的理论建模方法。

控制器是主动隔振装置系统的中枢，而控制器能否有效的关键是控制算法，对于控制器理论建模研究的主体是主动隔振算法研究。基于控制算法原理与流程以及迭代方法，实现控制器的参数理论建模。

系统其他组件理论建模研究：除控制器、作动器外，主动隔振系统包含其他部件如传感器、信号调理、驱动器以及电源等，对于上述组件如果从理论上实现建模是十分复杂的，它们各自的传递特性受大量的因素影响，从理论上进行建模不能很好地描述实际物理特性，但是如果上述系统组件搭建完成之后其固有传递属性将不再改变，因此对于上述组件的建模采用实测回归参数拟合方法实现。

考虑到主动隔振系统理论建模参数需求的特点，系统其他组件理论建模采用以下两个步骤实现参数建模。

（1）数据采集

设置信号发生器的扫频正弦信号起止频率、初始相位、信号幅值等参数，设置信号采集端所使用的通道及其类型，传感器通道设置、传感器响应测点的选区及其灵敏度和单位等参数。

扫频正弦信号激励系统，仪器采集系统响应信号，显示幅频和相频曲线。保存实验数据（幅频与相频，实频与虚频），保存曲线图像。

装载实验数据到 MATLAB，分别提取数据列为 Frequency，Real，Imaginary，Magnitude，Phase，去除极不稳定的数据点项。

（2）参数拟合

传递特性由幅频特性曲线与相频组成，如果将控制系统中的各个变量看成是一些信号，而这些信号又是由许多不同频率的正弦信号合成的，则各个变量的运动就是系统对各个不同频率信号响应的总和。系统对正弦输入的稳态响应称频率响应。

对于稳定的线性系统或者环节，在正弦输入的作用下，其输出的稳态分量是与输入信号相同频率的正弦函数。输出稳态分量与输入正弦信号的复数比，称为该系统或环节的频率特性函数，简称为频率特性，记作 $G(j\omega)=Y(j\omega)/R(j\omega)$

在正弦输入信号的作用下，系统输出响应中与输入信号同频率的正弦函数分量和输入正弦信号的复数比，称为该系统或环节的频率特性函数。当输入信号和输出信号为非周期函数时，则有如下定义。

系统或者环节的频率特性函数，是其输出信号的傅立叶变换像函数与输入信号的傅立叶变换像函数之比。

系统的频率特性函数可以由微分方程的傅立叶变换求得，也可以由传递函数求得。

当传递函数 $G(s)$ 的复数自变量 s 沿复平面的虚轴变化时，就得到频率特性函数 $G(j\omega)=G(s)\mid s=j\omega$。所以频率特性是传递函数的特殊形式。

代数式：$G(j\omega)=R(\omega)+jI(\omega)$

$R(\omega)$ 和 $I(\omega)$ 称为频率特性函数 $G(j\omega)$ 的实频特性和虚频特性。

指数式：$G(j\omega)=A(\omega)\mathrm{e}\,\Phi(\omega)$

式中，$A(\omega)=\mid G(j\omega)\mid$ 是频率特性函数 $G(j\omega)$ 的模，称为幅频特性函数。

$\Phi(\omega)=\arg G(j\omega)$ 是频率特性函数 $G(j\omega)$ 的幅角，称为相频特性函数。

系统的频率响应可以用复数形式表示为 $G(j\omega)$，常用的频率响应表示方法是图形表示法。根据系统频率响应幅值、相位和频率之间的不同显示形式，有伯德（Bode）图、奈魁斯特（Nyquist）图和尼柯尔斯（Nichols）图。

结合系统传递特性表征准确与参数建模需求，系统传递特性采用参数拟和方法间接建模，传递特性拟合方法如下：

$$H(s)=\frac{B(s)}{A(s)}=\frac{b(1)s^{n}+b(2)s^{n-1}+\cdots+b(n+1)}{a(1)s^{m}+a(2)s^{m-1}+\cdots+a(m+1)}$$

实际应用中，不断改变 n 和 m 的值，得到 b 和 a 的值，直到拟合曲线与实验曲线近似为止。

图 2—27、图 2—28 为系统除作动器与控制器外实测系统传递特性曲线。

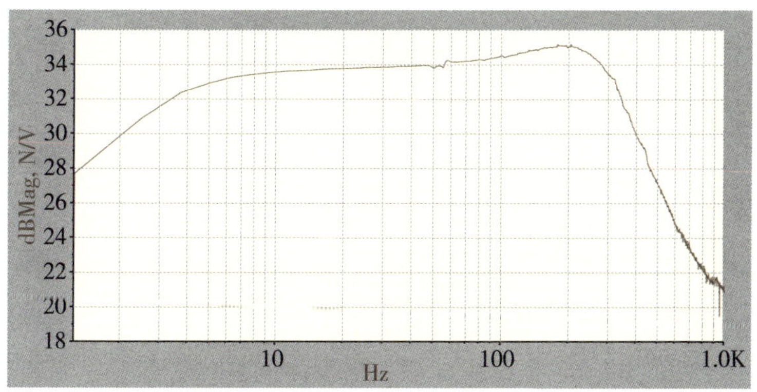

图2–27　实测系统幅频传递特性

采用系统参数的辨识及传递函数拟合方法对图 2—27、图 2—28 所表征的传递特性进行建模描述，得到如图 2—29 所示的拟合特性模型曲线。

通过研究与实践，分组件建模方法均能在理论上较好地表征出主动隔振系统运行状况，符合开展系统理论建模与仿真分析的需求。

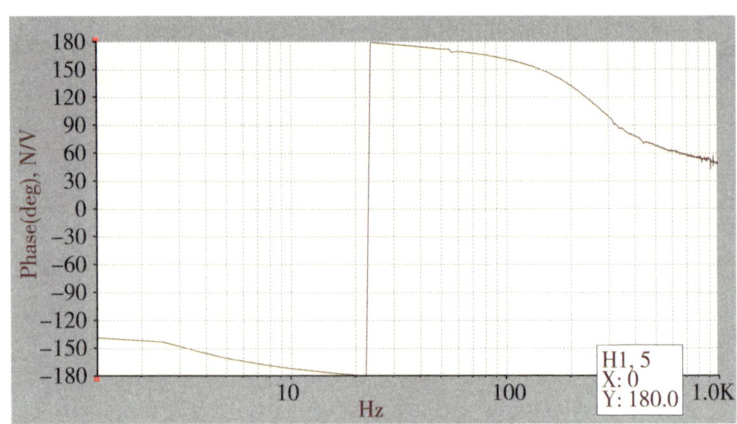

图2-28 实测系统相频传递特性

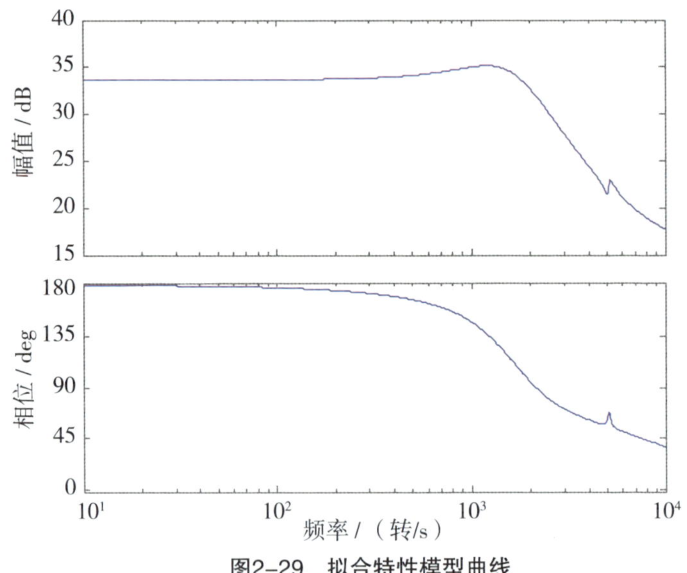

图2-29 拟合特性模型曲线

图 2—27～图 2—29 表明实测回归拟合建模方法能较为准确地实现除控制器、作动器外的系统参数建模。

第 3 章　船舶设备主动隔振系统设计

设备主动控制系统设计主要是在明确控制对象和应用环境的条件下，根据振动源的振动激励特性和安装边界条件（通常需要对力源特性和支撑基座的动态响应特性进行测试以便获得设计输入），针对控制指标要求，进行装置系统方案论证与设计。

系统设计工作通常包括确定载荷，作动器布置及优化，控制策略选取等，在此基础上进行必要的力学分析与动力学建模、控制原型建模分析，初步分析计算装置系统的性能和结构参数。

3.1　振源识别分析

3.1.1　振源识别方法

振源特性是主动控制系统设计的重要依据之一，通常可通过实测来获得设备的振源特性即动力载荷。

工程实践中有时往往无法获得或测定设备的动力载荷，而需通过特定的技术方法来获得，即振源识别。

振源识别也即载荷识别作为结构动力学的第二类反问题，需要用正则化方法来克服载荷识别反问题的病态特性。一般来说，载荷识别正则化方法分为频域法和时域法。

经典的频域载荷识别方法，需要在各个频点对频响函数矩阵求逆，且对低频、冲击载荷识别精度较低。

时域载荷识别方法不同于传统的频域法，根据载荷与系统传递函数之间的卷积关系，通过解卷积获取载荷的时域离散信号，能够处理瞬态信号，因而可实现冲击载荷的识别。目前广泛应用的求解反问题的正则化方法有截断奇异分解、Tikhonov、基函数逼近法、稀疏正则化、迭代正则化等方法。

Tikhonov 在求解欠定方面效果欠佳，真实冲击载荷和虚拟冲击载荷区分度不够高，即虚拟载荷位置也会出现较大峰值的冲击力。

与其他正则化方法一样，载荷识别的函数逼近法也可能是不适当的，基函数数目作为正则化参数必须合理确定。同时，基于最小二乘的正则化方法如 TSVD、Tikhonov 和函数逼近法等，均涉及矩阵求逆运算，适用于小规模载荷识别反问题。

迭代正则化算法如 Landweber 和共轭梯度迭代正则化算法不同于截断奇异值分解、Tikhonov 正则化方法，有不涉及传递矩阵求逆运算和不需要明确正则化参数的优点，迭代过程即是正则化的过程，而被广泛应用在反问题求解中，但在载荷识别中的应用较少。

CGLS（Conjugate Gradients Least Squares）共轭梯度最小二乘迭代方法在识别精度、收敛速度、计算效率和抗噪性方面有明显优势。

3.1.2　振源识别反问题模型

（1）单源载荷识别反问题模型

对一个线性非时变系统，假设初始条件 $y(0)=0$ 和 $\dot{y}(0)=0$，则系统输出响应可由输入载荷和系统传递函数的卷积关系描述：

$$y(t)=h(t)\otimes f(t)=\int_0^t h(t-\tau)f(\tau)\mathrm{d}\tau \tag{3—1}$$

其中，$y(t)$ 表示系统响应，如加速度、速度、位移和应变等物理量，$f(t)$ 表示激振力。传递函数 $h(t)$ 表征机械系统输入与输出的数学关系，也就是系统的单位脉冲响应函数。

公式（3—1）描述的是一个正问题，即已知系统激励和系统传递函数求系统响应。对于振动主动控制，需要应用反问题分析方法来确定作用在结构上的未知激振力。由于实际测量的数据为离散数据，在计算中，需要将连续的问题(3—1)进行离散处理：

$$\begin{bmatrix} y(t_1) \\ y(t_2) \\ \vdots \\ y(t_{N-1}) \\ y(t_N) \end{bmatrix} = \Delta t \begin{bmatrix} h(\Delta t) & 0 & \cdots & 0 & 0 \\ h(2\Delta t) & h(\Delta t) & \cdots & 0 & 0 \\ \vdots & \vdots & \cdots & \vdots & \vdots \\ h((N-1)\Delta t) & h((N-2)\Delta t) & \cdots & h(\Delta t) & 0 \\ h(N\Delta t) & h((N-1)\Delta t) & \cdots & h(2\Delta t) & h(\Delta t) \end{bmatrix} \begin{bmatrix} f(t_1) \\ f(t_2) \\ \vdots \\ f(t_{N-1}) \\ f(t_N) \end{bmatrix} \tag{3—2}$$

其中，Δt 为时间采样步长，N 为采样点数。进一步，公式（3—2）可以用矩阵和矢量写成如下的紧凑形式：

$$\boldsymbol{H}\boldsymbol{f}=\boldsymbol{y} \tag{3—3}$$

其中，待识别载荷向量 $\boldsymbol{f}\in\boldsymbol{R}^N$，系统响应向量 $\boldsymbol{y}\in\boldsymbol{R}^N$。传递函数矩阵 $\boldsymbol{H}\in\boldsymbol{R}^{N\times N}$ 是一个具有 Toeplitz 结构的下三角矩阵。由于传递函数矩阵 $\boldsymbol{H}$ 条件数很大，且实际测量的响应信号 $\boldsymbol{y}$ 总是包含噪声，导致很小的干扰就可以产生巨大的求解偏差。因此，载荷识别是典型的病态问题，直接对公式（3—3）中的传递函数矩阵 $\boldsymbol{H}$ 求逆是不合适的。病态问题的上述特征并不意味着病态问题不可解，而是传统的线性代数的方法如高斯消去法、LU、QR 分解法等无法直接应用于此类问题的求解。为使所求解有意义，一般借助正则化技术来获得近似解。

（2）**多源载荷识别反问题模型**

当线性系统受到多个载荷同时作用时，系统响应是各载荷响应的线性叠加，其中单个载荷引起的结构响应仍然可以通过该载荷与相应脉冲响应函数的卷积［见式(3—1)］得到。因此，多输入多输出（Multiple—Input Multiple—Output，MIMO）系统的控制方程可表示为如下矩阵一矢量形式：

$$\begin{bmatrix}\boldsymbol{H}_{11} & \boldsymbol{H}_{12} & \cdots & \boldsymbol{H}_{1N}\\ \boldsymbol{H}_{21} & \boldsymbol{H}_{22} & \cdots & \boldsymbol{H}_{2N}\\ \vdots & \vdots & \ddots & \vdots\\ \boldsymbol{H}_{M1} & \boldsymbol{H}_{M1} & \cdots & \boldsymbol{H}_{MN}\end{bmatrix}\begin{bmatrix}\boldsymbol{f}_1\\ \boldsymbol{f}_2\\ \vdots\\ \boldsymbol{f}_N\end{bmatrix}=\begin{bmatrix}\boldsymbol{y}_1\\ \boldsymbol{y}_2\\ \vdots\\ \boldsymbol{y}_M\end{bmatrix} \tag{3—4}$$

式中，N 表示激励源数目；M 表示响应点数目，也就是传感器数目；子矩阵 $\boldsymbol{H}_{ij}$ 表示响应点 i 和激励点 j 间的传递矩阵。公式（3—4）左边子矢量 $\boldsymbol{f}_j$ 对应第 j 个激励源，而右边的子矢量 $\boldsymbol{y}_i$ 表示第 i 个传感器记录的响应。

为了统一表达，上式也可记作紧凑的矩阵一矢量表达形式：

$$\boldsymbol{Hf} = \boldsymbol{y} \tag{3—5}$$

式中，新定义的传递矩阵 $\boldsymbol{H} \in \boldsymbol{R}^{nM \times nN}$ 是一个 Toeplitz 分块矩阵。在这种情况下，未知载荷矢量场 $\boldsymbol{f}$ 可看作由 N 个载荷矢量组成的多通道矢量；振动响应场 $\boldsymbol{y}$ 可看作由 M 个响应矢量组成的多通道矢量。

多源载荷识别问题根据激励源和响应点数目分为三类情形：

（1）欠定系统：响应点数目 M 小于激励源数目 N；

（2）正定系统：响应点数目 M 等于激励源数目 N；

（3）超定系统：响应点数目 M 大于激励源数目 N。

对于欠定系统，现有的基于 L2 范数的正则化方法比如 TSVD 和 Tikhonov 均不可获得唯一解。对于多源载荷识别，要保证响应测点数目 M 不小于载荷源数目 N，这样才能使得方程（3—5）在正定或超定的情况下可以进行求解。

3.1.3　正则化算法及仿真

正则化是通过一组邻近的适定问题来逼近原不适定问题。一个正则化方法通常由一个正则化算子和一个正则化参数选择准则组成。按照优化参数选取原则，所得到的正则化解将会随着噪声水平趋向于零而收敛于真实解。迭代正则化算法是按照某种规则构造一组向量序列 $\boldsymbol{f}_m$，使其为公式（3—5）的较精确的近似解。由于迭代过程无须明确正则化参数，其迭代步数就有正则化的效果，且无须对矩阵进行求逆运算。

CGLS 迭代正则化算法的基本思想是将共轭梯度法应用于求解下面的最小值问题：

$$\min_{f_m} \| \boldsymbol{y} - \boldsymbol{H}\boldsymbol{f}_m \|_2 \tag{3—6}$$

由于 CG 迭代算法要求传递函数矩阵 $\boldsymbol{H}$ 是对称正定的，对式（3—5）两边乘以 $\boldsymbol{H}^{\mathrm{T}}$，获得正则化方程：

$$\boldsymbol{H}^{\mathrm{T}}\boldsymbol{H}\boldsymbol{f} = \boldsymbol{H}^{\mathrm{T}}\boldsymbol{y} \tag{3—7}$$

此时系数矩阵 $\boldsymbol{A} = \boldsymbol{H}^{\mathrm{T}}\boldsymbol{H}$ 是对称正定的。共轭梯度法用来求解非对称问题，获得正规方程，称为共轭梯度最小二乘法。CGLS 迭代算法的基本流程如下：

初始化：$\boldsymbol{f}_0 = 0, \boldsymbol{r}_0 = \boldsymbol{y} - \boldsymbol{H}\boldsymbol{f}_0, \boldsymbol{d}_0 = \boldsymbol{H}^{\mathrm{T}}\boldsymbol{r}_0, m = 1$

while (not stop) do

步骤 1：$\alpha_m = \dfrac{\| \boldsymbol{H}^{\mathrm{T}}\boldsymbol{r}_{m-1} \|_2^2}{\| \boldsymbol{H}\boldsymbol{d}_{m-1} \|_2^2}$

步骤 2：$\boldsymbol{f}_m = \boldsymbol{f}_{m-1} + \alpha_m \boldsymbol{d}_{m-1}$

步骤 3：$\boldsymbol{r}_m = \boldsymbol{r}_{m-1} - \alpha_m \boldsymbol{H}\boldsymbol{d}_{m-1}$

步骤 4：$\beta_m = \dfrac{\| \boldsymbol{H}^{\mathrm{T}}\boldsymbol{r}_m \|_2^2}{\| \boldsymbol{H}\boldsymbol{r}_{m-1} \|_2^2}$

步骤 5：$\boldsymbol{d}_m = \boldsymbol{H}^{\mathrm{T}}\boldsymbol{r}_m + \beta_m \boldsymbol{d}_{m-1}$

$$m = m + 1$$

end while

式中，m 为迭代步数；α_m 为迭代步长；$\boldsymbol{r}_m$ 为残差向量；β_m 为共轭系数，$\boldsymbol{d}_m$ 为迭代搜索方向。可知，CGLS 迭代过程中仅仅涉及矢量与矩阵 $\boldsymbol{H}$ 或者 $\boldsymbol{H}^{\mathrm{T}}$ 的乘积运算，迭代步数 m 扮演着正则化参数的角色。每次迭代结果 $\boldsymbol{f}_m$ 都可以认为是一个正则化解，即将原来的系数矩阵 $\boldsymbol{A}=\boldsymbol{H}^{\mathrm{T}}\boldsymbol{H}$ 投影到较小的 m 维子空间进行计算得到。

CGLS 迭代算法是半收敛算法，不合适的迭代步数易造成“过估计”或“欠估计”。因此，在迭代过程中，迭代步数 m 的选取非常重要。采用启发式迭代终止准则：

$$\eta_m = |p'_m(0)|^{1/2} \|\boldsymbol{y}-\boldsymbol{A}\boldsymbol{f}_m\|_2 \tag{3-8}$$

取 η_m 达到极小值时的解 $\boldsymbol{f}_m$ 作为最优正则化解。其中，p_m 为残余多项式，在 CGLS 迭代过程中可以很容易计算得到以下序列：

$$\begin{gathered} |p'_0(0)|=0,\quad |p'_1(0)|=\alpha_0, \\ |p'_{m+1}(0)|=|p'_m(0)|+\alpha_m+\alpha_m\frac{\beta_m}{\alpha_{m-1}}(|p'_m(0)|-|p'_{m-1}(0)|),m\geqslant 1 \end{gathered} \tag{3-9}$$

采用一个三自由度仿真模型（如图 3－1 所示），评价 CGLS 迭代正则化算法相对已有载荷识别方法在计算精度、计算速度和抗干扰性方面的优势，作为被广泛应用的 Tikhonov 正则化方法也将用来识别冲击载荷。其中，Tikhonov 方法的正则化参数由交叉检验准则确定。

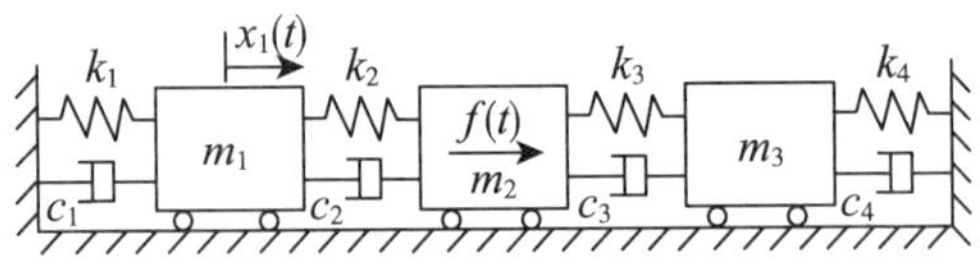

图3-1　三自由度系统冲击载荷识别

为了定量评价两种迭代算法以及 Tikhonov 正则化方法所识别载荷的精度，定义真实载荷和正则化载荷间的相对误差为：

$$\frac{\| f_{exact} - f_{identified} \|_2}{\| f_{exact} \|_2} \times 100\% \tag{3-10}$$

式中，f_{exact} 和 $f_{identified}$ 分别为真实载荷和正则化算法识别的载荷。对于冲击载荷识别而言，冲击载荷的峰值力是结构健康监测的一个重要指标，定义峰值相对误差为：

$$\frac{\| \max(f_{exact}) - \max(f_{identified}) \|_2}{\| \max(f_{exact}) \|_2} \times 100\% \tag{3-11}$$

用于冲击载荷识别的三自由度弹簧一质量一阻尼系统仿真模型如图 3—1 所示，参数设置如下：四个弹簧刚度系数$k_1 = k_4 = 32000$ N/m 和$k_2 = k_3 = 16000$ N/m；三个点质量 $m_1 = m_2 = m_3 = 1$ kg；四个阻尼系数$c_1 = c_4 = 100$ Ns/m 和$c_2 = c_3 = 50$ Ns/m。对于离散点质量系统，其系统控制方程如下：

$$\begin{bmatrix} m_1 & 0 & 0 \\ 0 & m_2 & 0 \\ 0 & 0 & m_3 \end{bmatrix} \begin{bmatrix} \ddot{y}_1(t) \\ \ddot{y}_2(t) \\ \ddot{y}_3(t) \end{bmatrix} + \begin{bmatrix} c_1 + c_2 & -c_2 & 0 \\ -c_2 & c_2 + c_3 & -c_3 \\ 0 & c_3 & c_3 + c_4 \end{bmatrix} \begin{bmatrix} \dot{y}_1(t) \\ \dot{y}_2(t) \\ \dot{y}_3(t) \end{bmatrix} +$$

$$\begin{bmatrix} k_1 + k_2 & -k_2 & 0 \\ -k_2 & k_2 + k_3 & -k_3 \\ 0 & k_3 & k_3 + k_4 \end{bmatrix} \begin{bmatrix} y_1(t) \\ y_2(t) \\ y_3(t) \end{bmatrix} = \begin{bmatrix} 0 \\ f(t) \\ 0 \end{bmatrix} \tag{3-12}$$

式中，$\ddot{y}_i(t)$，$\dot{y}_i(t)$，$y_i(t)$ 分别表示点质量 $m_i(i=1,2,3)$ 的加速度、速度和位移响应。$f(t)$ 表示作用在点质量 m_2 的冲击力，定义如下：

$$f(t)=\mathrm{e}^{(-10000\pi(t-0.2)^2)} \tag{3-13}$$

点质量 m_1 的位移响应，用来反演作用在点质量 m_2 的冲击力 $f(t)$。仿真时间为 1 s，采样频率为 2500 Hz，传递矩阵 H 的维数为 2500。首先，令 $f(t)=\delta(t)$，应用 Newmark 算法计算得到离散的脉冲响应函数 $h(t)$，进而获得传递矩阵 H。传递矩阵的条件数高达 3.26×10^7，表明该载荷识别反问题是严重病态的。

考虑到噪声是载荷识别反问题无法回避的，一个服从均匀分布的随机噪声被添加到位移响应中，即：

$$y^\delta=y+e=y+\varepsilon\cdot\mathrm{std}(y)\cdot\eta \tag{3-14}$$

式中，y^δ 是含噪声响应数据；y 是 Newmark 算法计算得到的响应数据；e 表示白噪声；η 是服从区间（−1，1）均匀分布的伪随机数；$\mathrm{std}(y)$ 为真实响应的标准方差。研究不同噪声水平下三种正则化方法的载荷识别精度，噪声水平 ε 分别设定为 5 %、10 % 和 20 %。

以噪声水平 10 %为例，图 3−2 显示了 CGLS 和 Landweber（LW）迭代过程。其中 CGLS 的最大迭代步数为 50，Landweber 最大迭代步数为 200。Tikhonov（Tikh）方法的可选正则化参数目为 200。从图 3−2（a）可知，CGLS 的启发式终止准则在第 22 步达到最小，随后缓慢上升；从图 3−2

(b) 可知，CGLS 的迭代过程的相对误差在第 26 步达到最小值，随后缓慢上升，符合“半收敛”迭代算法特点，而 Landweber 迭代算法在 200 步内尚未收敛。经过反复计算，本算例 Landweber 算法在 500 步左右趋向收敛。CGLS 的收敛速度远快于 Landweber 方法。对比图 3－2（a）和图 3－2（b），可知启发式终止准则可以用来确定 CGLS 的正则化迭代步数。

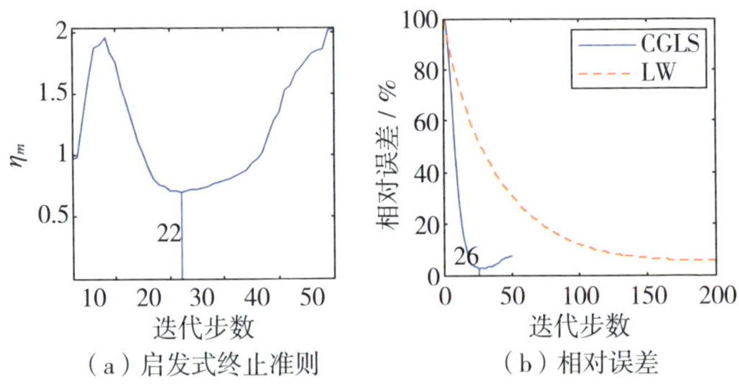

（a）启发式终止准则　（b）相对误差

图3-2　在噪声水平10%情况下，CGLS和Landweber迭代过程

三种正则化方法的识别结果如图 3－3 所示。在冲击载荷的加载区，三种方法的识别结果均可以与真实载荷吻合，在非加载区，CGLS 和 Landweber 优于 Tikhonov 方法。

表 3－1 列举了三种噪声水平下，CGLS、Landweber 和 Tikhonov 三种正则化方法的比较结果。将真实载荷作为参考，可以计算每个迭代步的相对误差，其中最小相对误差和对应的峰值误差、迭代步数可确定。

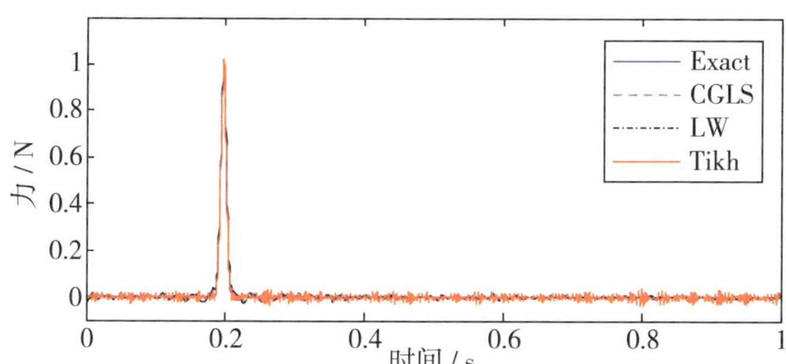

图3-3　在噪声水平10%情况下，CGLS、Landweber和Tikhonov正则化方法的载荷识别结果对比

表 3—1　不同噪声水平下，CGLS、Landweber 和 Tikhonov 正则化方法对比

噪声水平/%	方法	最小相对误差/%	最优峰值误差/%	最优迭代步数	正则化相对误差/%	正则化峰值误差/%	正则化迭代步数	耗时/s
5	CGLS	1.73	0.12	30	1.94	0.04	25	0.83
	LW	4.83	0.41	500	4.99	0.22	300	7.20
	Tikh	4.60	1.98	—	9.85	1.65	—	10.39
10	CGLS	3.33	0.24	26	3.77	0.06	22	0.82
	LW	5.89	0.27	500	6.76	0.99	300	7.69
	Tikh	7.37	2.69	—	13.73	1.86	—	10.28
20	CGLS	6.48	0.50	25	10.23	1.01	17	0.83
	LW	8.66	0.14	500	11.65	1.18	300	7.57
	Tikh	11.85	4.52	—	19.26	1.80	—	10.55

从表 3—1 可知，随着噪声程度的增加，三种方法的识别

精度都在下降，且正则化迭代步数也有不同程度下降。比较三种噪声水平识别结果，CGLS 的最小相对误差和峰值误差均低于其他两种方法；而 Landweber 优于 Tikhonov 方法。当考虑正则化准则时，CGLS 的正则化相对误差和峰值误差亦均低于其他两种方法；而 Landweber 亦优于 Tikhonov 方法。比较三种方法的计算时间，可知 CGLS 远远小于其他两种方法。同时，CGLS 识别结果的最小相对误差和正则化相对误差相差很小，且迭代步数相差亦不大，因此，启发式终止准则可以用来确定 CGLS 迭代算法的正则化代步数。

可见，利用 CGLS 迭代正则化算法识别作用于三自由度仿真模型外部冲击载荷，与其他载荷识别方法相对比：测试响应数据误差越小，CGLS 正则化算法需要的迭代步数越多，且收敛速度越慢；CGLS 迭代正则化算法结合启发式终止准则可以高精度重构作用于三自由度仿真模型的冲击载荷；与直接正则化算法 Tikhonov 方法和传统的 Landweber 迭代正则化算法相比，CGLS 迭代正则化算法识别精度高、收敛速度快、计算效率高和抗噪性能强。

该方法可以实现基于作动器虚拟控制力识别，为主动控制的控制效能提高和节能增效提供关键技术。

3.2 作动器布置和优化分析

主动控制系统设计中一个重要问题就是确定传感器与作

动器的数目与位置，以最少的数目、最佳的位置实现控制目的。

尽管主动隔振能够获得不错的控制效果，但还存在以下问题：(1) 次级力作用位置凭经验预先确定，仅考虑次级力幅值的优化，而没有采用作动器布放位置与反馈增益同时优化；(2) 没有考虑控制的代价问题，导致次级力的幅值过大，在实际中实现困难。

在进行振动主动控制时，不适当的激振器（作动器）配置位置可能导致某阶或某些模态弱激励；而不适当的传感器配置位置将影响识别参数的精度；作动器/传感器的配置位置将直接影响闭环控制系统的性能，甚至可能导致其不稳定。

过多的传感器与作动器会使控制系统硬件成本和系统重量增加，在处理传感器测量信号、控制律设计及控制信号处理等方面花费计算机更多的时间，还可能带来整体控制能量增加、传感器和作动器故障机会增多、系统可靠性下降等后果。

对工程设计来说，对作动器和传感器的数目和位置有一定的限制，因此更需要对它们进行周密的优化配置。

3.2.1　作动器布置和优化原则

对于一个减振系统来说，自由度是很庞大的，不过系统的结构大小是有限的，不可能放置无数个作动器和传感器。因此对于系统结构的主动控制来说就是用有限个作动器和有限个传感器来进行控制。对于不同的系统结构来说，并不是所有的位置都可以安置作动器，因此在进行作动器优化布置的时候要避开无法安置作动器的位置。作动器在给系统输入外部力来抑制系统内部振动的时候，如果放置位置不当，会激发起系统的未控模态响应，导致溢出。溢出会导致闭环控制系统的性能下降，导致控制系统失稳。

由此可以看出，作动器的优化布置必须依据计算原则进行，错误的放置不仅无法实现控制系统的主动减振，反而会产生更大的振动。

作动器配置的结果将直接决定系统的控制效率，影响系统的可控性和鲁棒性等。目前，对于结构振动的作动器优化配置主要有以下几项准则：可控性/可观性准则，基于系统能量、系统响应、稳定性、可靠性的准则，基于模态应变能的准则，基于观测溢出/控制溢出的准则等。

（1）基于可控性、可观性的配置准则

控制系统的设计首先要保证系统的稳定性、可控性和可观性。使系统处于可控制的状态，使作动器等部件可以顺利无误地安装到结构当中，是这个准则的基本思想。系统的可控性和可观性程度受作动器影响系数矩阵的影响，因此，系统的可控性和可观性可以作为作动器的优化配置准则。

（2）基于系统能量的配置准则

作动器产生和振动相反的作用以消耗掉振动产生的能量，因此，作动器将振动能量耗散掉需要的电能等能量的大小就是控制系统控制的有效性的反应。在闭环系统中，系统消耗的能量与作动器的位置有很大关系。

目前基于系统能量的作动器优化配置准则也得到了重视。作动器的配置位置与系统的耗散能量或控制能量有关，作动器布置的位置不同，系统耗散能量或控制能量也不同。因此系统能量可以作为配置作动器的优化准则。

（3）基于系统响应的配置准则

降低或抑制结构的动态响应是结构设计的主要任务之一，因此系统的响应可以作为作动器的优化配置准则。

（4）基于失效和可靠性的配置准则

在空间结构中，修复和更换失效的作动器成本很高，因此，希望当个别作动器失效时，其余作动器对结构的控制效果仍然能满足使用要求。

（5）基于控制/观测溢出的配置准则

在控制过程中，不可避免出现的溢出现象不仅会影响系统的性能，还会降低闭环系统的稳定性。以系统能量从被控模态转移到未控模态时最小和控制力对未控模态的作用最小定义了两个与控制溢出有关的目标函数，以此研究作动器的优化配置问题。

3.2.3　作动器优化配置计算方法

作动器常常配置在结构系统与有限元分析所对应的表面节点上，因此它是一个组合优化问题，也即整数规划问题。

设需要将 m 个作动器或传感器配置在 n 个可选位置上，如果采用穷举法需要计算。显然，当 n 和 m 很大时，需要的计算次数太多，用穷举法往往难以求解。当考虑控制增益时，则同时包含有连续变量和离散变量，对这种优化问题的求解，还没有一种很好的方法。由于组合优化问题的难度，它的求解仍然是研究的热点之一，目前已提出了多种处理方法，需要根据具体情况选用。

（1）非线性规划优化方法

对梁、板等形状规则的结构，我们可能得到振型与固有频率的解析表达式，这时传感器和作动器的优化配置就可直接采用非线性规划的方法求解，如拟牛顿法、递推二次规划法等，而对于一些复杂结构的传感器、作动器优化配置问题，可以采取一些措施，将离散变量转化为连续变量求解。如果目标函数为线性函数，而且变量的规模较小，这类方法是非常有效的。这些方法利用了非线性规划优化方法已经比较成熟的优点，但是它们都需要用到目标函数的梯度，因此往往会陷于局部最优解，此外，采用优化方法得到的结果还需要进一步调整到其对应的有限元模型的节点，这种转化可能使原来的解变得不可用。

（2）序列法

它可分为累积法及逐步消去法。其基本的做法是不断地从剩余的可选位置中选取一个最优的加到优化配置中去，直至达到希望的数目为止。逐步消去法与累积法相反，它每次从剩余的传感器、作动器的可选位置中去掉一个或多个对目标函数贡献最小或较小的可选位置，一直到只剩下希望数目的可选位置为止。

（3）推断算法

该方法是首先任意选取 N 个位置，然后从这 N 个位置每次循环去掉一个使目标函数变化最小的位置，再从其余的 $N_p \sim N$ 位置中补充一个位置，如果这时目标函数有改善则保留这个位置，这个过程一直重复到收敛为止，这里 N_p 表示可选位置。

（4）随机类方法

随机类方法与推断类方法有相似的地方，只是它的位置替换方法是根据概率进行，因而不会陷于局部极小点。随机类方法主要有模拟退火算法和遗传算法。

模拟退火算法起源于统计力学和热动力学，首先其应用在求解组合优化问题上。可以在理论上证明，模拟退火算法能够以概率 1 收敛于全局最优解。其最大的问题是需要选择初始温度、退火速度等参数，由于这些参数随具体问题而变化，因此较难合理地选取这些参数，从而不能控制搜索的效率，可能导致搜索时间过长。

遗传算法起源于达尔文的生物进化理论，它模拟自然界“适者生存”的机制，由 Holland 教授所创立，其基本思想就是在遗传计算过程中，适应度较大的个体基因得到遗传，而适应度较差的个体的基因会逐渐地消失。虽然遗传算法在组合优化问题中已得到了应用，但它仅是生物进化系统的简单近似模拟，遗传算法本身还需要更深入地研究。由于随机类方法不易陷于局部最优解，它们在解决组合优化问题上具有发展前景。

3.3 控制策略分析

在振动的主动控制中有两种控制方式：前馈控制和反馈控制。

前馈控制主要依赖于参考信号的有效性，而参考信号是噪声或振动的相关信号。将参考信号输入控制器，通过一定的控制规律来产生控制信号驱动作动器进行作动，从而消除输入的干扰信号。如图 3－4 就是典型的前馈控制系统。如果选取合适的参考信号，就有可能使振动降到零。相对于反馈控制，前馈控制在减小系统的稳态响应上更具优势。

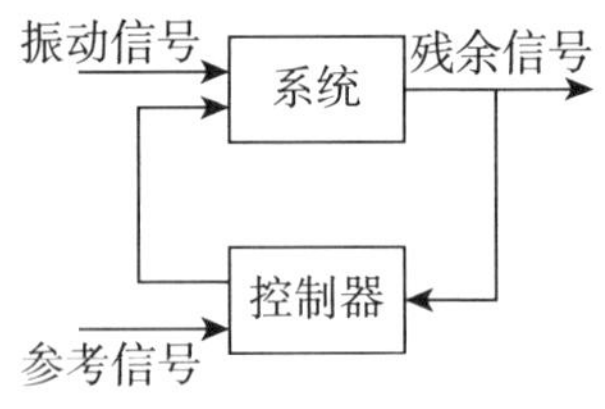

图3–4　前馈控制系统结构图

前馈控制器主要用于对特定扰动采取补偿措施时的情

况，具有响应速度快的特点，在一定程度上能产生良好的控制效果。然而在实际的系统中，系统的参数往往容易受环境的影响，控制器如果不能适应这种变化，那么系统就很有可能趋向于不稳定。所以在振动控制的实际应用中，常把自适应控制与前馈控制结合在一起应用，构成自适应前馈控制。其结构图如图 3—5 所示。

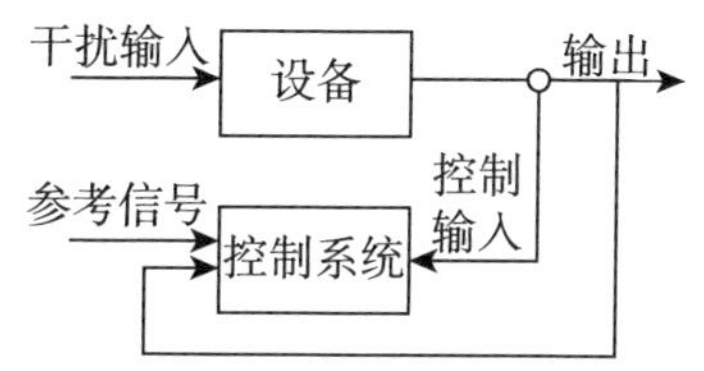

图3–5　自适应前馈控制系统结构图

前馈控制系统最为明显的性能限制是：①需要获得与干扰信号相关性很好的相关信号。一般都很难获得。②前馈控制器的阶数会随着系统的阶数变化，高阶系统的控制器阶数也会很高，不利于控制算法的实时实现。

反馈控制信号的获取方式跟前馈控制不同，主要是通过将原始干扰下系统响应的振动信号，经过放大电路后输入补偿电路，由补偿电路产生的控制量去驱动作动器，从而减弱干扰通过后的残余影响。如图 3—6 就是反馈控制系统。反馈控制器在减小系统的瞬态响应方面比前馈控制有优势。

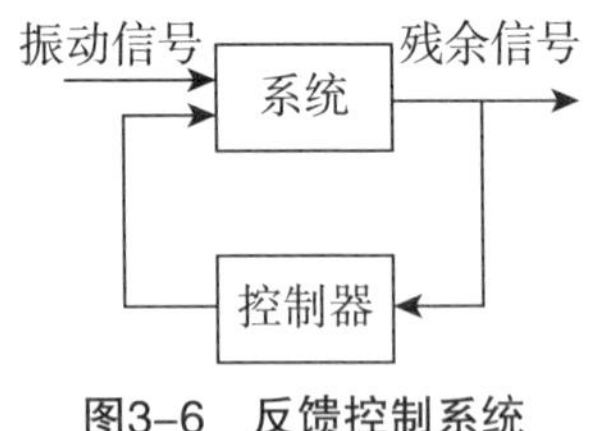

图3-6　反馈控制系统

根据第一类和第二类隔振系统的工作原理，反馈控制信号有力反馈、位移反馈、速度反馈和加速度反馈等。它们可以通过不同的反馈控制策略来实现控制。

反馈控制器适用于在扰动因素较多且不可检测的情况，它能够自行减少或消除扰动对输出的影响，特别适合对复杂系统和参数不确定系统的控制，如隔振平台、柔性结构等。

根据隔振系统的控制思想：主通道的输出和次通道的输出相抵消，使残余力输出为零。优化控制算法的目标函数应该为残余信号的表达式，常取残余信号的二次函数作为测评标准。针对目标函数的二次特性，将问题转化为二次规划的求解问题，以此来更新控制器的参数。

在双层主动隔振系统中，通常利用位移、速度或加速度传感器获取设备的振动信号。各种不同的反馈信号对主动隔振效果产生着不同的影响。

以双层主动隔振系统为例，选取位移、速度、加速度作为反馈信号，分别建立控制系统模型，仿真分析各自系统的振动传递率（从设备的振动激励力到对基础的作用

力）。其结果在图 3－7 中给出。

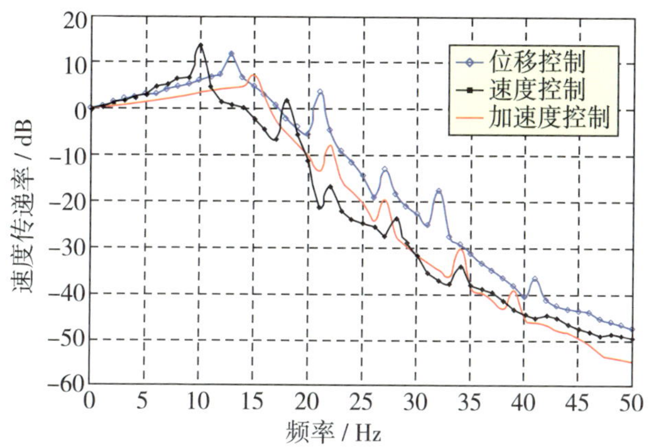

图3–7　不同反馈信号对隔振效果的影响

结果表明，利用加速度信号进行反馈控制，主动隔振系统抑制振动传递的能力较强，控制效果较明显。而利用速度信号进行反馈控制，其抑制振动传递的能力与利用加速度信号的反馈控制类似，控制的效果较明显。

3.4　系统组件配置设计

系统设计配置技术是装置系统各参数设计优化和确定过程，也是检验装置的各系统组件（作动器、控制器）的结构与性能参数设计合理与否的重要依据，是系统组件（传感器、驱动器）的结构与性能参数合理配置的重要环节。

3.4.1 装置系统组成及总体布置

3.4.1.1 装置系统组成

装置系统通过传感器将系统状态信息反馈给控制器，控制器按系统控制算法向驱动器施加消振控制信号，而后驱动器接受控制信号并向作动器实时提供作动能量，以对消振对象实现消振控制，上述主动消振控制过程见图 3—8。

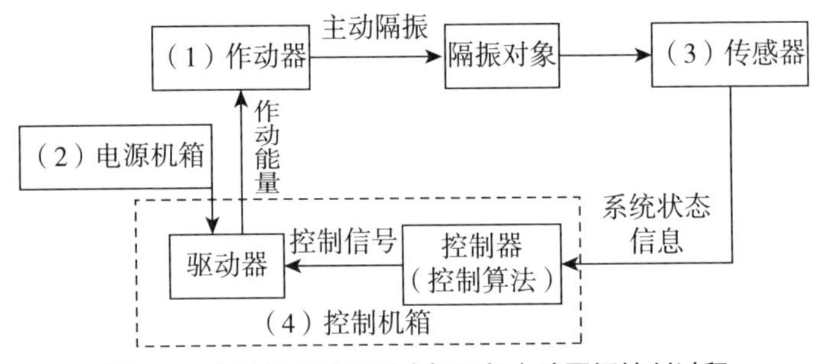

图3–8 主动隔振装置组成框图与主动隔振控制过程

装置系统由四部分组成：作动器模块、驱动模块、传感模块、控制模块。

传感模块承担振动信息的拾取功能。传感模块由振动传感器、信号调理器、传感插头、传感数据线、信号调理电源等组成。

控制模块是整个闭环控制的指令机构，核心由控制算法和相应的硬件载体组成。控制模块由控制器、控制电源、控制机柜、控制信号屏蔽线缆等组成。

驱动模块是系统的能量提供机构。驱动模块由驱动器、驱动电源、驱动插头、驱动电缆等组成。

作动器模块是整个闭环控制的指令执行机构，主要由作动器组成。

3.4.1.2　系统总体布置

目前船舶上的隔振装置无论单层、双层或浮筏，基本上都是被动隔振系统。这类装置的最大优点是设计相对简单，且能在很宽的频段内提供较好的隔振效果。但是，被动隔振系统在多工况条件下的适应性较差，尤其是不能有效地对低频振动进行隔离。主动控制装置的优点是对环境变化的适应性强，尤其是对低频振动有很强的抑制能力。

因此，需要吸取被动控制和主动控制的优点，避免各自的不足，而采用基于主动控制和被动控制相结合的隔振技术。

同时采用主、被动控制手段，弥补了被动控制和主动控制的缺点，对高频振动的隔离以及低频振动的抑制都有很强的效果。

它具有以下特点：

(1) 具有自动失效保护和增强系统可靠性的特性。由于系统中同时存在有被动控制装置，可避免某些条件变化或硬件系统失效所引起的主动振动控制系统的失效或整体系统失稳。

(2) 具有较低的硬件控制系统成本。联合振动控制中的被动控制构件常是减振器或阻尼器，其对高频振动的隔离或高阶振动模态的抑制效果显著，将低频振动控制的任务交由主动控制部分实现，从而缩小控制频率范围、降低对硬件的要求。

(3) 改善了系统的鲁棒性及稳定性。联合振动控制中的被动阻尼能够消除由于结构的不确定性引起的溢出，具有低通滤波特性的被动部分可避免模态溢出。

(5) 可节省主动振动控制所需的能量。由于被动部分耗散高频振动能量，降低对主动振动控制部分的能量要求，从而降低了作动器承载水平，也能延长作动器的寿命。

关于作动器的安装方式，作动器与同层的减振器一般只有并联或者串联这两种方式。从理论建模的角度，串联与并联这两种不同的连接方式对力学模型来说没有本质的差别。这是因为在动力学建模中将作动器看作是只会产生作用力的元件。无论与减振器串联还是并联，合成的结果均是作用力的相加。

3.4.2 传感驱动组件配置设计

3.4.2.1 传感器配置设计

传感器为主动隔振装置系统信息反馈提供测量信号。布放位于作动器装置内，用于测量设备或基座表面的振动特性。设计时根据振动量级及控制作动器数量，配置选用加速度传感器及线缆。

在主动隔振系统中所用到的信号是根据控制策略的不

同而千差万别。但是应用较多的信号有加速度、位移和速度。

3.4.2.2　功率放大器配置设计

功率放大器需满足驱动作动器的要求。根据作动器电磁组件连续最大电流及峰值电流，计算作动器的反电动势常数，配置选择装置的功率放大器。

3.4.2.3　信号调理器配置设计

将来自传感器的电信号转换为数字量之前需要先进行放大、滤波或隔离等预处理，即信号调理。根据被控设备振动信号，配置选用信号调理装置。

3.4.3　电源设计

根据控制需求，配置选用电源为主动隔振装置提供稳定可靠、反应速度快、效率高、波形失真小、可靠性高的高品质电能。

设计满足装置供电要求，并能够有效地解决电网突然超高、欠压、浪涌、尖峰脉冲干扰之种种隐患，为装置提供理想保护。

电源设备通常由交流输入滤波电路、三相高压整流滤波电路、功率变换电路、高频变压电路、高频整流滤波电路、直流输出滤波电路、交流输入、直流输出电压、电流检测电路、辅助电源电路以及数码管显示电路等组成。

设计工作通常包括结构设计、安全性设计、电磁兼容性设计、环境适应性设计。

3.4.4 机箱设计

机箱用来存放电源和相关控制设备，可以提供对存放设备的保护，屏蔽电磁干扰，有序、整齐地排列设备，方便以后维护设备。

根据总体限制要求，根据机箱安装的主要组件，包括参照相关标准，配置设计相应的控制柜及电源柜。明确设计参数：重量、体积、防护等级、接线方式、安装形式、配备开关操作按钮。

设计内容通常包括材料设计、机箱主体结构设计、密封方式设计、涂装设计、滤波设计、接地措施设计、布线工艺设计、电缆连接器型号、色彩、铭牌和标志设计。

3.4.4.1 总体配置设计

箱体总体配置设计任务是根据电气原理图的工作原理与控制要求，先将控制系统划分为几个组成部分（这些组成部分均称作部件），再根据电气设备控制柜的复杂程度，把每一部件划成若干组件，然后再根据电气原理图的接线关系整理出各部分的进出线号，并调整它们之间的连接方式。

总体设计要使整个系统集中、紧凑，同时在空间允许条件下，把发热元件、噪声振动大的电气部件尽量放在离其他元件较远的地方或隔离起来；总电源开关、紧急停止控制开关应安放在方便而明显的位置。总体配置设计得合理与否关系到电气系统的制造、装配质量，更将影响到电气控制系统性能的实现及其工作的可靠性、操作、调试、维护等工作的方便及质量。

由于各种电器元件安装位置不同，在构成一个完整的自动控制系统时，就必须划分组件。划分组件的原则：

(1) 把功能类似的元件组合在一起；

(2) 尽可能减少组件之间的连线数量，把接线关系密切的控制电器置于同一组件中；

(3) 让强弱电控制器分离，以减少干扰；

(4) 为力求整齐美观，可把外形尺寸、重量相近的电器组合在一起；

(5) 为便于检查与调试，把需经常调节、维护和易损的元件组合在一起。

电气控制设备各部分及组件之间的接线方式一般应遵循以下原则：

(1) 开关电器、控制板的进出线一般采用接线端头或接线鼻子连接，这可按电流大小及进出线数选用不同规格的接线端头或接线鼻子；

(2) 电气柜与被控制设备之间采用接线端子排或工业联接器连接；

(3) 弱电控制组件、印制电路板组件之间应采用各种类型的标准接插件连接；

(4) 电气箱内的元件之间的连接，可以借用元件本身的接线端子直接连接，过渡连接线应采用端子排过渡连接，端头应采用相应规格的接线端子处理。

3.4.4.2 结构设计

结构设计需要考虑以下几个方面：

(1) 根据操作需要及控制面板、箱、柜内各种电气部件的尺寸确定电气箱、柜的总体尺寸及结构型式，非特殊情况下，应使总体尺寸符合结构基本尺寸与系列；

(2) 根据总体尺寸及结构型式、安装尺寸，设计箱内安装支架，并标出安装孔、安装螺栓及接地螺栓尺寸，同时注明配作方式。柜、箱的材料一般应选用柜、箱用专用型材；

(3) 根据现场安装位置、操作、维修方便等要求，设计开门方式及型式；

(4) 为利于箱内电器的通风散热，在箱体适当部位设计通风孔或通风槽，必要时应在柜体上部设计强迫通风装置与通风孔；

(5) 为便于电气箱、柜的运输，设计合适的起吊勾或在箱体底部设计活动轮。

3.4.4.3 电磁屏蔽设计

机箱主要由屏蔽壳体（以下简称壳体）、骨架构建、面板构件等组成，除了焊接连接外，所有可拆的接触面均应导电。机箱壳体上的孔、缝隙的设计应全部满足屏蔽效能的指标要求。机柜交流电源输入端口加装滤波器，其插入损耗满足屏蔽指标要求，信号端口在联机时由电缆屏蔽层封闭，要求端口连接器与构件有良好的搭接性能。机箱及构件应有良好的接地，以提高低频屏蔽效能和安全性。机箱壳体和内部机箱壳体构成的双层屏蔽，也可认为是屏蔽机柜。

第 4 章　主动隔振装置作动器设计

作动器作为主动控制技术的关键部件之一，不仅关系到理论模型建立，而且直接受到工程应用的实际环境影响，是主动控制能否实现工程应用的关键。

作动器是控制信号在驱动信号的能量加载下的机械信号实现、连接控制系统和隔振系统、实施控制策略的关键部件。

理想的作动器应具有下列特性：①不大的时间延迟，即驱动信号到输出的主动控制力之间不要有太大的时间延迟；②适应频带宽，即在较宽的频带内作动器输入响应呈线性关系；③力与自重（或体积）比大，即结构紧凑，在较轻（或者较小）的结构条件下能够给出较大的力输出；④可靠性、耐用性和拆装维修方便等。

作动器设计是在整体方案设计基础上的一个重要技术设计工作。该阶段是整个设计阶段的核心和关键。

作动器设计主体上涉及作动器的硬件结构设计和性能设计，以确定相关参数。硬件结构设计包括各构成组件的力学结构、材料选型、外形尺寸、安装接口以及安装工艺等。性能设计是作动器设计的重要内容之一，包括作动器输出特性、动力学特性等。

4.1 作动器主要类型

作动器作为主动隔振的主要执行部件，需要根据作动力大小、质量、行程等因素共同决定，对隔振效果起到至关重要的作用。

作动器的作用是根据控制器输出的控制信号，向被控制对象或系统施加控制动作，按照所需方式改变对象或系统的响应，因此，一切能够引起机械状态改变的光、热、电、磁、辐射、流变现象均可以作为作动器设计的原理。

作动器的类型较多，特别是随着科技的发展，出现了很多新型的作动器，大大提高了主动控制系统的性能，拓宽了应用范围。按激励形式的不同，作动器主要分为气动式、液压式、电动式、电磁式和智能作动器等。

4.1.1 作动器类型

1）气动作动器

气动作动器是利用气压传动进行工作的，适用于低频振动和控制力要求较大的场合。气压作动器的优点之一是它们可以使用与被动空气弹簧一样的空气供应源，气压作动器与被动空气弹簧并联安装。缺点是辅助设备复杂、时滞大、控制精度不高。

2）液压作动器

液压执行作动器的优点是响应速度快、功率一质量比大、精度高和抗干扰能力强；缺点是液压油易受污染，能源的获得、存储和传输不如电能方便，与气动系统相比，液压系统容易受温度变化的影响。虽然存在这些自身的弱点，但通过与现代控制技术、电子和计算机技术的结合，液压作动器还是获得了良好的应用。

3）电动式作动器

电动式激振器结构简图如图 4—1 所示，一般由弹簧、壳体、磁钢、顶杆、磁极、铁芯和驱动线圈组成。其中，磁钢为导磁性材料，磁极为永磁性材料，壳体为非导磁材料。

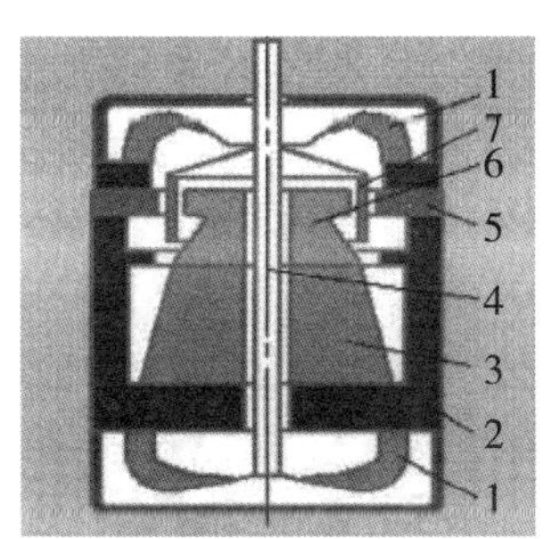

1–弹簧 2–壳体 3–磁钢 4–顶杆
5–磁极 6–铁心 7–驱动线圈

图4–1　电动式主动激振器机构示意图

电动式激振器的工作原理：将磁钢、铁芯与磁极固连于壳体上，对置于具有高密度磁通气隙中的驱动线圈通过功率放大的交变电流。根据磁场中载流体受力的原理，线圈将受到与电流成正比的电动力的作用。由于线圈与顶杆固连，该激振力即可通过顶杆传到被测对象。电动式激振器的优点是体积小、可靠性高，缺点是安装方式复杂。

4）智能作动器

近年来，随着智能结构系统的兴起和发展，智能作动器的发展十分迅速。这些新型的智能材料制成的作动器能够根据外界环境和激励的变化调节自身的结构和/或性能参数，对环境变化做出响应，从而使智能控制成为可能。目前，智能作动器主要包括压电材料作动器、磁致伸缩作动器、形状记忆合金作动器以及电流变液/磁流变液作动器等。

（1）压电材料作动器

压电效应的机理：具有压电性的晶体对称性较低，当受到外力作用发生机械形变时，晶胞中正负离子的相对位移使正负电荷中心不再重合，导致晶体发生宏观极化，而晶体表面电荷面密度等于极化强度在表面法向上的投影，所以压电材料受压力作用形变时两端面会出现异号电荷。反之，压电材料在电场中发生极化时，会因电荷中心的位移导致材料变形。提高压电材料的性能能够提高智能结构的传感特性和作动特性。

压电材料作动器就是利用压电材料的逆压电效应，通过施加控制电压使压电执行器本身变形对结构产生驱动作用的应变驱动器。主要的类型有压电陶瓷、压电高分子材料等。

用于振动控制的压电式作动器主要分为两类：薄片（或薄膜）型和叠层（或厚）型。薄膜型压电式作动器主要粘贴在柔性梁、板和壳的表面，产生的驱动力较小，多用于柔性结构的振动控制；厚型压电式作动器是由许多薄型压电作动器影结在一起而成，它是通过在极化方向上整个厚度范围内的伸长来发挥作用的。在一定程度上缓解了压电作动器位移小的问题。

随着智能材料与结构概念的提出，压电材料因其具有能耗低、频响范围宽、兼备传感和驱动功能、承载力高、组合灵活、驱动效率高以及控制精度高等特点，适用于振动频率高、控制力要求不大的场合，在减振降噪、精密加工等领域具有良好的应用前景。

压电作动器的缺点是它们的滞后性以及输出位移小、驱动电压高、只能输出推力不能承受压力等。材料性能对于作动器的性能起着决定性的作用。图 4—2、图 4—3 为某型压电陶瓷作动器的外观与结构。

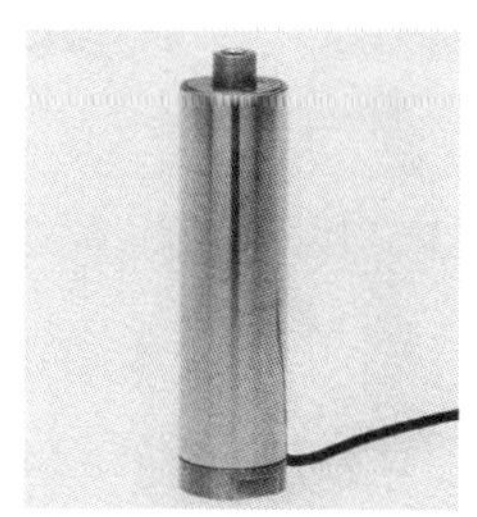

图4–2　某型压电陶瓷作动器

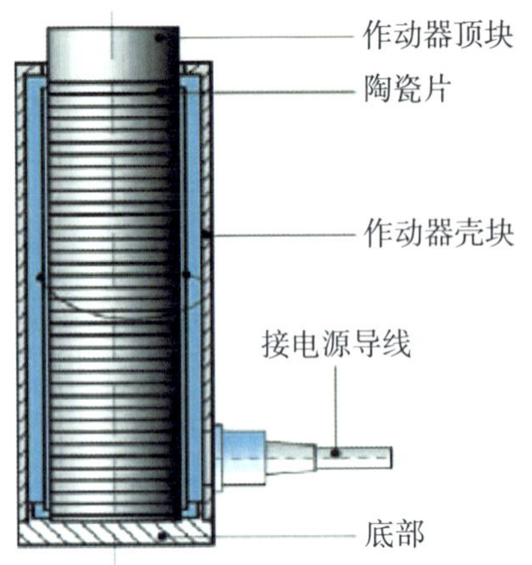

图4-3 压电陶瓷作动器结构示意图

（2）磁致伸缩作动器

磁致伸缩作动器，当电流通过线圈时，线圈产生电磁场，材料在电磁场作用下产生应变，带动导杆运动。由永久磁铁产生的偏置磁场的作用是使应变线性化，而预压弹簧的作用则是保证材料始终处于压应变状态。

磁致伸缩作动器具有伸缩应变大、低频特性好、响应快、工作频带宽、驱动电压低等特点，在高频、大作动力等隔振场合得到广泛应用。

虽然磁致伸缩驱动器具有许多优点，但是由磁致材料引起的滞回特性和驱动器的输出非线性也给其工程应用带来困难。例如，输入和输出之间存在较强的非线性，因此对控制方法要求较高；磁致伸缩材料抗压能力强，抗剪切和抗拉伸能力较差，在设计作动器时需要保证其始终处于受压状态等。

（3）形状记忆合金作动器

形状记忆合金的工作原理是当形状记忆合金被加热至某一临界温度（晶型转变温度）以上进行形状记忆热处理，急冷后形成低温马氏体相，然后施加一定程度的形变，再被加热到临界温度以上，使晶相反转变，由低温马氏体相逆变为高温奥氏体相而回复到形变前的固有形状，或者在随后的冷却中，通过内部弹性能释放而返回到马氏体相的现象。

形状记忆合金具有形状记忆和大应变超弹性两个奇特的、与其他金属材料迥然不同的特性，在特定的温度下性能会发生显著变化。形状记忆合金可以加工成丝线或薄膜，能产生大的应变或应力，但因加热周期较长，故只能用于小于 10Hz 的低频振动的控制。

用形状记忆合金实现振动主动控制有两种方法：一种是粘接于结构表面的合金受控收缩产生弯矩，控制板或梁的振动；另一种是埋入结构中可以改变结构的有效刚度，从而改变结构的动态特性。

形状记忆合金隔振器比橡胶隔振器的隔振效果更好，但是由于形状记忆合金加热周期较长，故只能应用于低频振动的控制。与压电材料相比，形状记忆材料响应慢，对瞬时电流要求较高，耗能较高。

(4) 电流变液/磁流变液作动器

电流变液一般是由绝缘的液态基体（多数为油）和悬浮在其中的固态微粒构成。常态下，液体中的悬浮颗粒可以自由移动，在外加电场的作用下，液体中的悬浮颗粒会发生极化现象，它的黏性、阻尼、弹性等流变性能会发生显著的变化，当外加场强超过临界值后，电流变液会在几个毫秒内从液态变为固态。而且这种过程可逆，一旦电场消失，电流变液又迅速从固态转变为液态。由于电流变液可以在介于液体和固体之间进行可控、可逆、快速的转变的独特性质，以及控制流体的特性所需的能量又较低，动态变化范围大，易于大面积铺放、成本低，因此，电流变液成为智能型作动器件的主要材料。但是电流变流液装置需要在上千伏的高压下工作，极易产生高压电弧，所以在工程实际中难以应用。

磁流变液的特点是强度高、黏度低、能量需求小、温度稳定性好，在耗电功率相同的条件下，其最大剪切屈服应力是电流变液的 5～20 倍。在磁场的作用下，可以在毫秒级的时间内快速、可逆地由流动性良好的牛顿流体转变为高黏度、低流动性的 Bingham 塑性固体。当外加磁场撤去时，磁流变体又恢复到原来的液体状态，其响应时间仅为几毫秒，易于控制并且连续可控。

图 4—4 为工作于挤压模式的磁流变液弹性作动器。

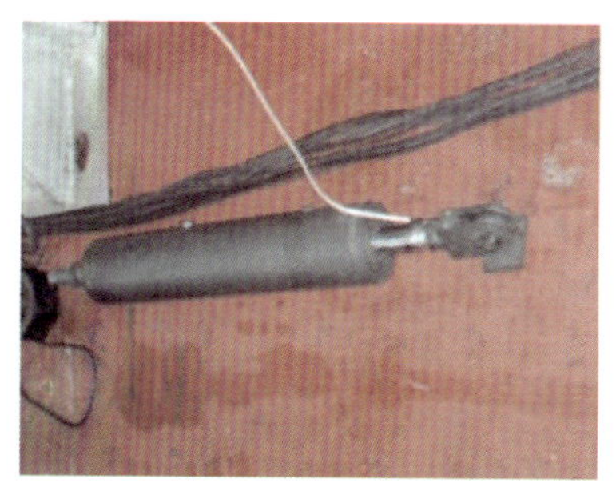

图4–4　处于挤压模式的磁流变液弹性作动器

4）电磁作动器

电磁作动器是振动主动控制中应用最为广泛的一种作动器，利于电流产生磁场，实现电到力的转换，来影响结构的运动。

通常电磁作动器的结构简图如图 4—5 所示。它利用磁、铁的相互作用原理进行工作，通常由可动铁芯和固定的永久磁铁组成，磁铁上缠绕激励线圈。当在激励线圈上施加交变电压时，所产生的交变磁场将驱动铁芯运动，输出力和位移。

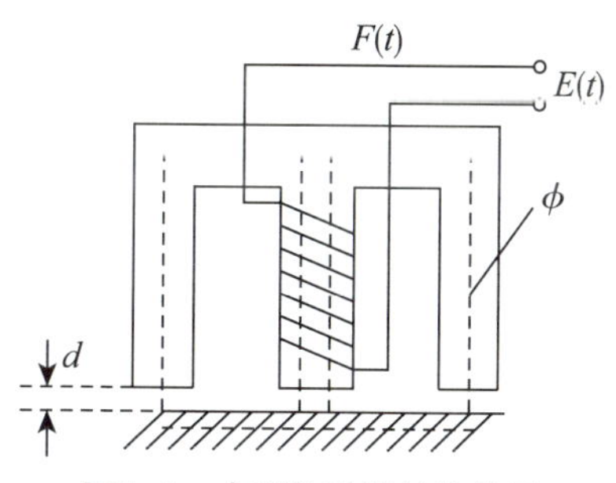

图4–5　电磁作动器结构简图

电磁作动器属于机电一体化作动器，优点是响应速度快、无接触、无磨损、无润滑、低功耗、易于控制；其输出的作动力比较大，频带范围比较宽，而且在工作频率范围内其输入输出的传递特性线性度比较好；此外，电磁作动器结构简单紧凑、易于安装，所以广泛应用于各种隔振场合。图 4—6 为某型电磁作动器结构图。

作动器是能否达到控制目的的关键部件，装置不但对其出力有要求，还对其频率响应特性有要求。而出力与频率响应是一对矛盾，出力大，频率响应就要降低，其平衡点的选择至关重要。

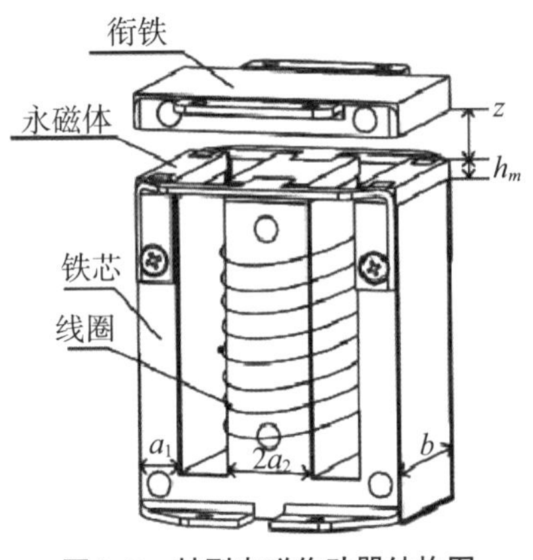

图4-6　某型电磁作动器结构图

由主动减振作动器理论分析及表 4—1 各种典型作动器分析对比，为满足控制需要选定电磁作动器作为装置的执行机构。

表 4－1　典型作动器一览表

序号	作动类型	工作机理	主要性能
1	压电类	压电效应	响应快，位移、力小
2	磁致伸缩类	磁致效应	响应快，位移小、力较大
3	形状记忆合金	金属相变	响应慢，位移、力较大
4	电/磁流变液	流体相变	响应快，力较大
5	液体作动	液压作动	响应中等，位移、力很大
6	气体作动	气压作动	响应中等，位移、力较大
7	电磁作动	电磁作动	响应快，位移、力较大

通过上表对目前可应用于主动隔振系统作动器的分析，相对于其他作动器，电磁作动器具有响应快、作用力大、位移大的特点，较为成熟应用在各种隔振系统中。

4.1.2　电磁作动器主要类别

电磁作动器是振动控制中应用最为广泛的一种作动器。它利用磁、铁的相互作用原理进行工作，通常由可动铁芯和固定的永久磁铁组成，磁铁上缠绕激励线圈。当在激励线圈上施加交变电压时，所产生的交变磁场将驱动铁芯运动，输出力和位移。其分类可根据磁路类型和结构类型划分。

4.1.2.1　电磁作动器主要磁路形式

磁路设计就是要以最少的永磁磁铁和导磁材料来产生具有高磁通密度且分布均匀的磁场。根据永磁磁铁所处的位置、磁场方向以及气隙与线圈的相对长度，可以把其划分为几种不同的磁路类型。

（1）长气隙型和短气隙型

短线圈长气隙型磁路，由于采用短线圈结构，其线圈利用率高，电损耗小，并且线圈短、质量轻，在相同的电磁力作用下，其快速响应性能比长线圈直线电机的好，而且短线圈电机的电感比较小，这对于提高控制系统的动态稳定性非常有利。长线圈短气隙型磁路，此种结构采用长线圈，因而可以充分利用磁密。同时，由于只有一部分线圈处于工作气隙中，其利用率较低，电损耗较大。为保证足够的磁场产生足够的作动力，作动器选取长气隙型。

（2）轴向型和径向型

轴向型其中的磁铁都是以旧有铁磁材料（铁氧体、铝镍钴合金等）的特性而设计的，这样可以提高气隙中的磁通密度，同时还能避免发生减磁效应。

径向型磁路，必须采用残留磁通密度和矫顽磁力都比较高的磁铁，因此直到钕铁硼材料的问世，采用这种磁路类型设计的音圈直线电机才成为主流。作动器选取径向型。

（3）内磁型和外磁型

内磁型磁路其中永磁体被包覆在导磁材料内部，由于其遮蔽效果，漏磁较小。

外磁型磁路其永磁体没有被包覆而露在外面，漏磁较多，因此需要有遮蔽来避免产生干扰。一般采用这种磁路类型的电机结构尺寸比较大，但线圈的电感比较小。作动器选取内磁型。

4.1.2.2　电磁作动器主要结构形式

由于运动部件、弹性元件和线圈形状的差别，作动器电磁组件的结构形式可以分为：

（1）MF 型和 MFK 型

MFK 型是有弹簧的结构形式，弹簧的作用限制了输出的位移和推力，但系统的控制会易于实现。MF 型是无弹簧的结构形式，此种结构效率比较高，具有较大的行程和推力，但是控制上相对困难。作动器选取了 MFK 型，以利于系统控制。

（2）动圈型和动磁型

动圈型的结构磁铁与导磁材料之间无相对位移，可以避免磁滞损失，容易获得较强的磁场，具有更好的快速响应能力。动磁型结构线圈部分固定，不会有断路问题，允许的电流较大。

通过性能比较，作动器作动电机为音圈电机以满足作动器高加速度、高频响、出力大且平顺、易于控制的运动需求性，选取了磁路形态为内磁式、长音圈、径向型、结构 MFK 型、动圈型。

4.2 主动隔振电磁式作动器原理

装置作动器主要由两个部分组成（见图4—7），一个是电磁部件，另一个是悬架机构。

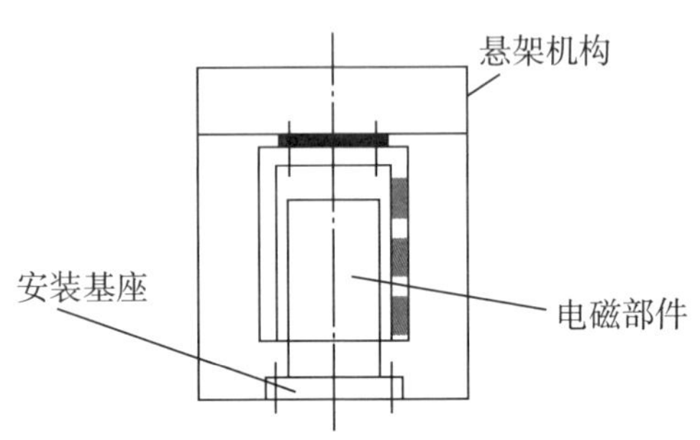

图4-7 作动器结构简图模型

作动器电磁组件运动部件有动线圈和动磁铁两种形式，动磁铁电磁组件型结构复杂，移动部分的重量大，惯性也大，动态响应特性较差，但行程可以做得很长。动线圈型结构简单，移动系统的重量轻，惯性小，动态响应特性较好，但行程一般较短。

电磁式作动器通常采用永久磁铁作磁通源。永磁式作动器容易达到无刷无接触运行，且随着高性能（高磁能积）稀土永磁材料在设计中的应用，使结构更加紧凑，体积变小。永磁式作动器电磁组件还具有良好的静、动态性能和控制特性。

电磁作动器基本的动力学数学模型可简化为单自由度

受迫振动系统，建立分析模型见图 4—8。

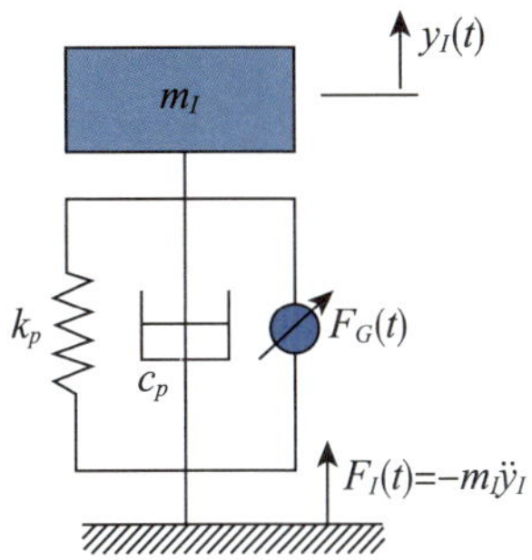

图4–8　装置作动器理论分析模型

按如下进行公式推导：

F_a ——电机作动力；

F_t ——作用在基座上的实际作动控制力；

X_a ——动子相对于平衡位置的位移；

X_e ——基座的绝对位移；

w ——圆频率；

i ——复数。

对于上述单自由度动力系统应实时满足，式（4—1）、（4—2）的动力平衡关系：

$$M\ddot{X}_a + C(\dot{X}_a - \dot{X}_e) + K(X_a - X_e) = -F_a \qquad (4-1)$$

$$F_t = F_a + K(X_a - X_e) + C(\dot{X}_a - \dot{X}_e) \qquad (4-2)$$

由式（4—1）、（4—2）可得：

$$F_t = -M\ddot{X}_a = Mw^2 X_a \qquad (4-3)$$

$$-Mw^2 X_a + iwCX_a + KX_a = -F_a \qquad (Xa \gg Xe), \qquad (4-4)$$

由式（4—3）、（4—4）可得：

$$\frac{X_a}{F_a} = \frac{-1}{-M\omega^2 + i\omega C + K} \tag{4-5}$$

$$\frac{F_t}{F_a} = \frac{-M\omega^2}{-M\omega^2 + i\omega C + K} \tag{4-6}$$

根据以上的推导，可计算出作动器作动力与刚度、质量、位移以及内部电磁力的相互关系。

4.3 电磁式作动器输出特性设计

电磁部件的基本工作原理如图 4—9 所示。线圈可沿铁芯轴线方向自由移动。在线圈的行程范围内，永久磁铁给予它大致均匀的磁场 B_σ，当线圈中通入直流电源 I_a 时，载有电流的导体在磁场中就会受到电磁力的作用。这个电磁力的方向可由左手定则来确定。让左手掌正对着 B_σ 方向，四指顺着电流方向，则拇指所指的方向即为线圈所受电磁力作用的方向。设在铁芯轴下面线圈截面中的电流方向为垂直纸面向内，则线圈所受电磁力的方向由图中所示。改变直流电流 I_a 的方向就可改变线圈受力的方向。

电磁力的大小可由下式算出：

$$F_m = B_\sigma L I_a = B_\sigma l N I_a \tag{4-7}$$

式中，N 是线圈匝数；l 是线圈导体每匝处在磁场中的平均有效长度；B_σ 是所在空间的磁感应强度（T）；I_a 是线圈导体中的电流（A）。

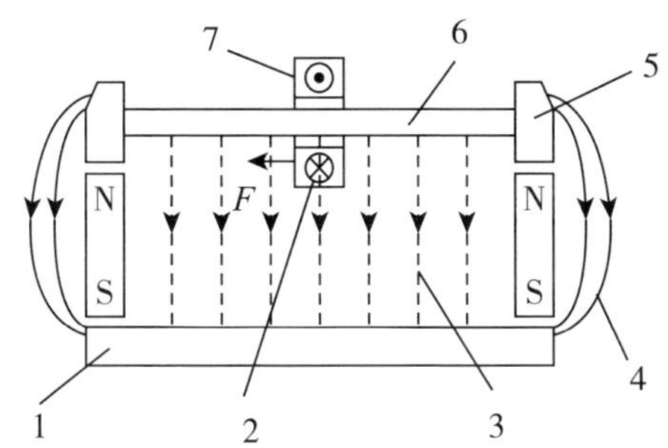

图4-9　电磁部件的基本工作原理图

通常作动器的运行方程包括电磁部件的电磁力方程式、电磁部件的电系统的电压平衡方程式、作动器机械系统的力平衡方程式。

· 电磁力方程式：

$$F = B_\delta lNi = k_m i \tag{4-8}$$

式中，B_δ 为线圈所作磁场的磁感应强度；l 为线圈导体每匝处在磁场中的平均有效长度；N 为线圈匝数。

$$k_m = B_\delta lN \text{ 为力常数}$$

· 电压平衡方程式：

$$Ri + L\frac{\mathrm{d}i}{\mathrm{d}t} + E = u \tag{4-9}$$

式中，i 为工作电流；L,R 分别为电流回路的电感和电阻。

$$E = k_b B_\delta lN\frac{\mathrm{d}x}{\mathrm{d}t} \text{ 为线圈的反电动势}$$

· 力平衡方程式：

作动器基本的动力学数学模型可简化为单自由度受迫振动系统

$$m\frac{d^2x}{dt^2}+c\frac{dx}{dt}+kx=F_m \tag{4-10}$$

式中，F_m 为电磁输出力；m 为动子部分的总质量；k 为弹性支撑结构的弹性系数；c 为粘性阻尼系数；x 为动子的直线位移，即弹性支撑结构的变形量。

求解以上作动器运行方程可得到以动子位移 x 为输出量，u 为输入量的作动器微分方程，进一步求解获得相应结果。

$$\frac{Lm\,d^3x}{k_m\,dt^3}+\left(\frac{Lc+Rm}{k_m}\right)\frac{d^2x}{dt^2}+\left(\frac{Lk+Rc}{k_m}+k_E\right)\frac{dx}{dt}+\frac{kR}{k_m}x=u \tag{4-11}$$

（1）动子位移与控制电压关系

动子位移 x 与控制电压 u 之间的传递函数

$$G(s)=\frac{X(s)}{U(s)}=\frac{k_m}{(ms^2+cs+k)(\tau_L s+1)R+k_m k_E s} \tag{4-12}$$

（2）电磁输出力与控制电压关系

作动器电磁力

$$F_m=m\ddot{x}$$

$$F_m(s)=ms^2x(s)$$

电磁输出力与控制电压 U 之间的传递函数

$$\frac{F_m(s)}{U(s)}=\frac{ms^2k_m}{(ms^2+cs+k)(\tau_L s+1)R+k_m k_E s} \tag{4-13}$$

通过设计确定作动力的峰值以及幅频特性等。

4.3.2.1　动态输出力

对作动器输出动态特性而言，作动器作动力是最为重要的性能参数，包括作动力的峰值力、作动力的幅频特性。

电磁作动器基本的动力学数学模型可简化为单自由度受迫振动系统：

$$m\ddot{z} + c\dot{z} + kz = F_m \sin(\omega t + \varphi) \tag{4-14}$$

式中：$\omega = 2\pi f_0$，是控制角频率；φ 是控制相位；$c = 2m\omega_0\zeta$，为系统阻尼系数；ζ 为相对阻尼系数；m 为动子质量；k 为悬架系统的刚度。

将电磁力 F 及响应表示为复数：

$$F = F_m e^{i\omega t}$$

$$z = H(\omega)F$$

根据上述模型，可推导出理论动态输出力为：

$$\begin{aligned} F_T &= c\dot{z} + kz = (k + ic\omega)z \\ &= \frac{k + ic\omega}{k - \omega^2 m + ic\omega} F_m e^{i\omega t} \end{aligned} \tag{4-15}$$

力的传递系数为：

$$TF = \frac{/F_T/}{/F/} = \frac{\sqrt{1 + [2\zeta(w/w_0)]^2}}{\sqrt{[1 - (w/w_0)]^2 + [2\zeta(w/w_0)]^2}} \tag{4-16}$$

作动力的幅值为：

$$/F_T/ = TF \cdot /F/$$

图 4—10 为某型作动器输出力特性。

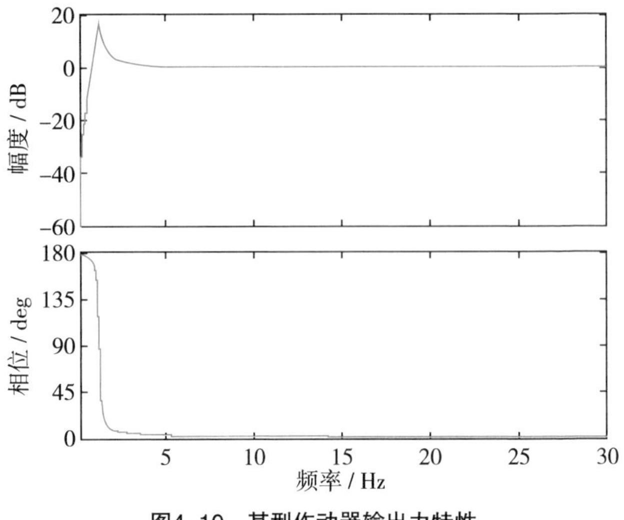

图4-10　某型作动器输出力特性

4.3.2.2　频响特性设计

作动器频响特性也是作动器设计、使用所关注的重要性能。电磁式作动器是一个典型的动力学系统，由电磁组件、悬架机构组件组成一个结构动力学系统。

动子的动态作动响应

$$X(s)=\frac{k_m}{(ms^2+cs+k)(\tau_L s+1)R+k_m k_E s}U(s) \tag{4-17}$$

以电磁力为输入，以作动器的作动力为输出的传递函数为：

$$G(j\omega)=\frac{c\omega j+k}{-m\omega^2+c\omega j+k} \tag{4-18}$$

利用Matlab仿真，可作出系统传递函数的幅频特性和相频特性曲线。图4－11为某型作动器频响特性曲线。

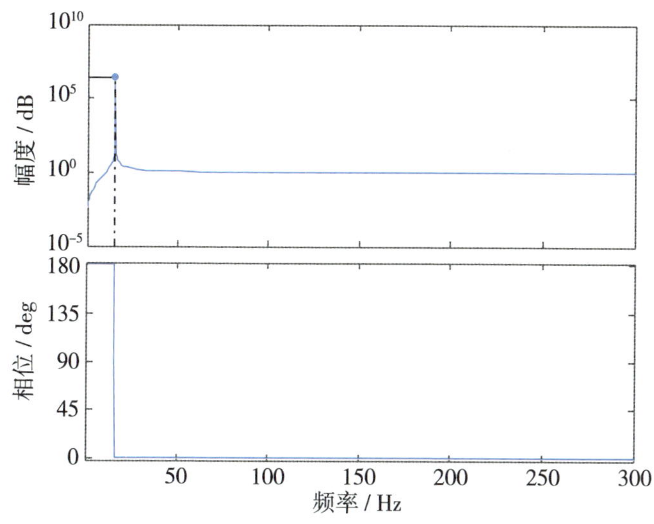

图4-11　作动器频响特性Matlab仿真结果

4.4　电磁式作动器电磁特性设计

通过参数设计确定作动器内部磁场特性，确保磁场强度、磁场分布均匀，经计算满足电磁力输出的需求。

4.4.1　作动器磁路结构设计

电磁作动单元能否提供主动隔振所需的足够大的控制力，关键在于磁路的合理设计，减少漏磁的发生。一般使用磁路法来完成这些任务。

这一方法的基本思想是将永磁机构分割为几部分，例如气隙、磁轭、极靴、永磁磁极等，引入磁阻和磁势的概念，类似于非线性电路的分析那样进行磁路分析，以获得气隙磁场值和磁路其他部分中的平均磁密。这一套方法能够解决问题的关键在于两点：第一，对于待设计的永磁机构中的磁通走向十分清楚，而且能掌握物理过程的主导和次要因素，可以做出准确的简化；第二，通过简化和必要的分析，特别是根据实际的工程经验，能够计算各部分的磁阻，以及相关的漏磁系数。

磁路概念的建立是基于铁磁物质的磁导率大大地超过了非铁磁物质的磁导率。也就是说，由磁导率大的导磁体构成磁通的路径，则磁通主要在这种路径——磁路中通过。

电磁作动器磁路属于永磁磁路。永磁磁路的设计与计算任务主要有两个：其一，已知工作气隙的体积及要求的磁场，选用永磁材料，并确定磁路各部分的尺寸；其二，已知永磁材料的磁性及磁路各部分的尺寸，求工作气隙中的磁场。

设计与计算永磁磁路，主要是依靠两个原理，即磁通量连续原理和安培环路定理。

利用安培环路定理，取磁场的环路积分，则有

$$\oint \vec{H} \cdot \vec{dl} = H_1 l_1 + H_2 l_2 + H_3 l_3 = 4\pi \sum I \tag{4-19}$$

对于永磁磁路来说，由于 $I=0$，所以有

$$H_1 l_1 + H_2 l_2 + H_3 l_3 = 0 \tag{4-20}$$

此时，永磁体与磁扼交界面上出现磁极，它所产生的

磁场使磁轭磁化，而对于永磁体来说则相当于一个反向加上的磁场，所以 H_1 与 H_2，H_3 方向相反。于是有

$$-H_1 l_1 = H_2 l_2 + H_3 l_3 \tag{4-21}$$

设 H_2，H_3 的方向为正，则有

$$|H_1| l_1 = H_2 l_2 + H_3 l_3 \tag{4-22}$$

因为 $B = \mu H$，$\varphi = BS$

$$|H_1| l_1 = B_2 \frac{l_2}{\mu_2} + B \frac{l_3}{\mu_3} = \Phi_2 \frac{l_2}{\mu_2 S_2} + \Phi_3 \frac{l_3}{\mu_3 S_3} \tag{4-23}$$

利用磁通量连续原理，

$$\Phi = \Phi_1 = \Phi_2 = \Phi_3 \tag{4-24}$$

$$|H_1| l_1 = \Phi\left(\frac{l_2}{\mu_2 S_2} + \frac{l_3}{\mu_3 S_3}\right) \tag{4-25}$$

$$\Phi = \frac{|H_1| l_1}{\Sigma \frac{l_i}{\mu_i S_i}} \tag{4-26}$$

上两式就是永磁体磁路的磁路定律。

根据磁路定律，即可以对磁路进行设计与计算。为了尽量使计算与实际接近，通常对具体的磁路都要做出适当的修正，其修正量是通过实验来确定的。由于修正的方法不同，所以出现了许多永磁磁路的计算方法，常用的方法包括利用磁路定律设计磁路，利用漏磁系数概念（包括磁导法、经验公式法、查阅曲线法等）设计磁路，以及应用自身退磁效应设计磁路等。

以下将利用磁路定律来设计和计算磁路。无漏磁情况下的磁路设计和计算是以基尔霍夫第一和第二定律为基础的。

$$\sum \Phi_i = \sum B_i S_i = 0, B_m S_m = B_g S_g \tag{4-27}$$

$$\sum H_i I_i = 4\pi \sum N_i I_i, \ H_m L_m + H_g L_g = 4\pi \sum N_i I_i \tag{4-28}$$

使用磁路法对电磁作动器的磁路进行计算。根据磁路形成原理，永久磁铁激发的磁场通过作动器的中心磁芯、导磁盘、气隙及壳体，再回到另一个导磁盘来形成闭合回路，可以简化为一个并联的磁路。其结构与磁场简图如图4—12所示。

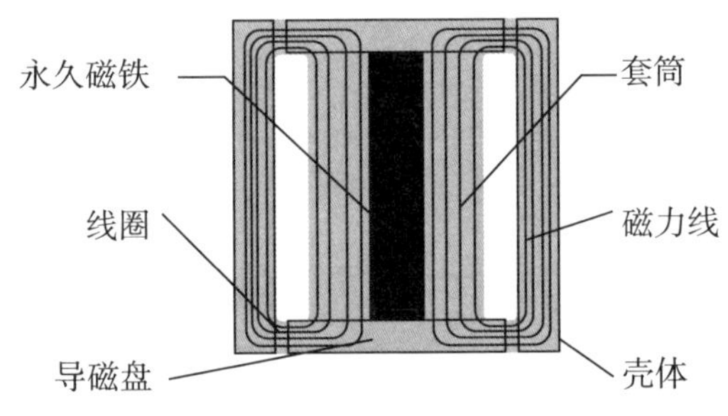

图4-12　作动器的结构与磁场示意图

电磁作动器中，导磁板和导磁外壳形成同心圆柱形气隙，如图 4—13 所示，由磁阻定义可以推得气隙磁阻：

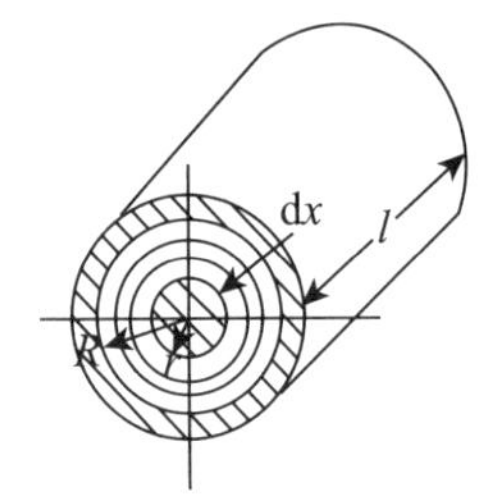

图4-13　同心圆柱形气隙

$$R_m = \frac{\ln R - \ln r}{\mu_0 2\pi l}$$

式中，R 为导磁板外半径，m；r 为导磁外壳内半径，

m；l 为导磁板的厚度，m。

根据磁路的欧姆定律及磁路中处处磁通量相等有：

$$F = R_m \varphi = H l_{ct}$$

$$\varphi = BS = B_g S_g$$

$$S = \pi(R_2^2 - R_1^2)$$

$$S_g = \pi(r_1 + r_2)h/2$$

式中，F 为磁路的磁动势；φ 为磁路中的磁通量；R_m 为磁路的总磁阻；R_2，R_1 —永磁体的内、外半径；S 为永磁体的截面积。

联立上式计算可得到：

$$B_g = \frac{(BH)_{\max} l_{ct}}{BR_m S_g}$$

式中，$(BH)_{\max}$ 为永磁体的磁能积；l_{ct} 为磁体的长度；B 为通过永磁体的磁感应强度；S_g 为气隙的截面积。

代入相关结构及永磁体性能参数计算磁场磁感应强度，以满足输出电磁力输出磁场强度需求。

4.4.2　作动器磁场特性仿真分析

利用数值计算方法分析电磁作动单元的磁场分布和电磁力分布，根据计算结果优化电磁作动单元的结构以减少漏磁、边缘效应、磁滞以及涡流等因素的影响，以保证电磁作动单元具有令人满意的静、动态性。

图 4—14 所示即为实体建模生成的 2D 电机结构图及其

划分网格后的模型。

图4-14　建立模型及划分网格

加载和求解。磁场仿真结果如图 4－15 所示，通过直观的观察可以了解电磁场的分布及各点粗略的量值。

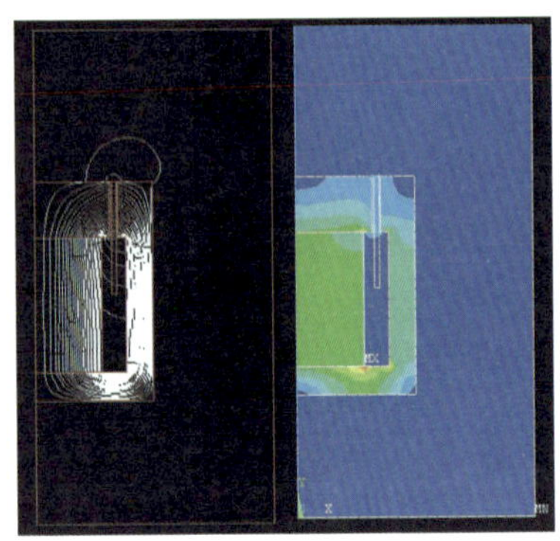

图4-15　磁场仿真

掌握电磁作动器磁场的分布规律，对分析衔铁受力情况和电磁作动器性能具有十分重要的意义。从磁场分布情况可以看出电磁铁漏磁及铁芯磁通饱和程度，为电磁作动器的结构设计和铁芯材料及几何参数的选择提供依据。

4.5　电磁作动器结构设计

选择合适的材料和合理的机构进行作动器的机械结构设计，并通过特性分析验证设计的准确性。

4.5.1　作动器总体结构设计

在总体限制条件下进行作动器结构设计。作动器结构形式应既考虑了作动器结构性能等方面的要求，同时在设计时应充分考虑安装、生产工艺、与相关系统的接口等方面的因素。

作动器结构设计包括材料设计、各组件结构设计、接口设计等工作。

4.5.2　作动器悬架结构设计

悬架机构是电磁作动器的重要部件，其主要作用是在持续的振动过程中提供弹性恢复力。悬架机构的自振频率、疲劳寿命和刚度柔度很大程度上影响振动主动控制的综合效果，而且悬架机构的体积大小也将影响作动器结构的体积大小。因此装置研究中很有必要对悬架机构进行专门的分析与设计，使电磁部件在其作用下输出的力发挥最好的效果。设计主要包括弹簧片构型设计及性能分析。

弹簧片承担主要变形任务，产生较大的位移，而其他部件基本上变形不大，例如环形薄片和线圈几乎没有变形。因此这里设置不同部件具有不同的网格单元大小，弹簧片网格单元划分细小，而其他部件网格单元大小采用默认设置。这样既节约计算机的资源同时也满足了计算的高精度。

4.5.3 作动器结构动力特性分析

设计确定作动器结构第一阶自振频率高于主动隔振装置系统控制频率上限，作动器机械结构不会对主动隔振控制过程产生耦合影响，其机械结构特性是安全可靠的，另外作动器结构自振频率也远高于设备额定工作频率，不会对振源振动对外传递产生负作用。作动器机械结构特性满足系统要求。

对电磁作动器进行有限元分析。建立电磁作动器的有限元模型，添加约束。利用模态分析方法对电磁作动器进行动力学分析，得到各阶模态频率。确定电磁作动器结构参数，使其基频及输出力控制频率范围内没有共振峰。

4.5.4 作动器承载设计

作动器是隔振装置直接承载被控设备的部件，应针对作动器承受垂向静态载荷情况进行分析校核，确保作动器结构强度满足承载设备后的安全。采用结构有限元法进行分析，分析结构模型，在仿真分析中对结构模型施加垂向的静态载荷，对其各部分形变情况进行分析，最大形变在结构正常弹性形变范围内，不会对设备安装产生静态安全隐患。

第 5 章　主动隔振装置控制算法设计

主动控制算法是控制器输入与输出之间的传递关系，其设计是主动控制的核心。算法设计的目的是使主动控制系统在满足被控对象各种约束条件下，选择合适的控制参数，求得最优控制输出力，实现被控系统的最优控制，对其研究具有很重要的理论价值和实用价值。

5.1　主动控制算法主要类别

控制算法决定着系统能否达到理想的隔振目标。随着控制理论的不断完善，越来越多的控制算法被用于振动主动控制。

主动控制策略大致上可分为两类：一类是基于被控系统数学模型的设计方法，即事先了解被控系统的内部结构和参数，构造其精确的数学模型，基于此模型运用现代控制方法获得最优的主动控制律，如模态控制、极点配置法、最优控制和鲁棒控制。另一类无须知道被控系统的结构，将其视为“黑箱”，仅通过状态或输出由算法自身的寻优特性得到最优控制律，如自适应控制和智能控制。

5.1.1 模态控制

模态控制是将无限自由度结构的振动控制可以转化为在模态空间内少量低阶模态的振动控制。它分为耦合模态控制法和独立模态空间控制法（IMSC）。耦合模态控制可以利用模态间的有利耦合，采用少量作动器控制较多的模态，但确定它的反馈控制策略就相当困难。耦合模态控制法闭环系统方程通过反馈控制器耦合在一起，这就使得反馈的优化计算要求解一个耦合的 Riccati 方程。对于大型柔性结构，耦合的 Riccati 矩阵方程求解非常困难，计算量随系统自由度的增加而急剧膨胀，从而大大限制了这种方法的实用性。独立模态空间控制方法因其只需对所需控制的模态进行独立控制，不影响未控制的模态，具有计算量小、设计方便、保证控制的模态稳定等优点而成为模态控制中的主流方法。然而，独立模态空间控制要求使用与被控模态数一样多的作动器，这样严格的要求，也极大限制了它的实际应用。

对于弹性结构的振动问题通常经离散化后化为模态控制问题，它通过控制振动的主要模态来对弹性结构进行控制。由于模态截断，按低阶模型设计的控制器，当与高阶的被控系统组成闭环系统后，就会出现“溢出”的问题，这将导致控制效果变差，甚至失稳。为了消除“溢出”，最简单的解决方法是将传感器、作动器布置在剩余模态振型函数的节点上，但这往往受到结构的限制。

5.1.2　极点配置法

极点配置法的基本思路是选择一个合适的反馈增益矩阵，使系统闭环极点恰好处于希望的位置，按照反馈矩阵确定主动减振系统控制装置的结构和参数。

5.1.3　最优控制

最优控制方法是一种利用极值原理、最优滤波或动态规划等最优方法来求解结构振动最优控制的设计方法。通常采用受控结构的状态响应和控制输入的二次型作为性能指标，以便同时保证受控结构的动态稳定性和经济性，然后导出受状态方程约束的使泛函取极值的控制向量。由于受结构或传感器配置的限制，能够直接测定的状态量是有限的，所以，工程实际中大多采用 LQG（Linear Quadratic Gaussian，线性二次高斯）控制。

LQG 控制也存在一些问题。首先，LQG 控制鲁棒性差。LQG 在系统参数固定不变、系统模型中无非线性环节情况下，可保证系统稳定和性能指标。但由于没有考虑被控对象的不确定性（即模型摄动），当模型的参数发生变化或存在建模误差时，高阶模态截断会使 LQG 系统失稳。其次，LQG 设计要求获得对象的精确模型，且假定外界激励信号的统计特征已知，这在实际应用中往往难以实现。再次，不适于自由度较多的系统。用二次型最优控制算法设计最优控制系统要求解 Riccati 矩阵方程，它的计算量随系统自由度的增加而急剧增加。

5.1.4 鲁棒控制

鲁棒控制是指在建立数学模型和设计控制器的过程中，考虑到不确定性的影响，并且基于不确定性的不完整信息，设计出不依赖不确定性的控制器，使得实际系统满足期望的性能指标。鲁棒控制非常适合处理具有不确定性以及有外界激励的系统。

目前比较成熟的鲁棒控制理论有 H∞控制理论和 μ 控制理论。H∞理论是在 20 世纪 80 年代提出来的，它是在多变量系统频域法与鲁棒稳定性奇异值分析法的基础上建立起来的最优控制理论。利用 H∞范数作为目标函数来获得控制输入。它给出了系统控制的一种崭新的方法，即基于 H∞最优指标的系统设计方法。H∞方法的主要优点是：① 可以将各种典型控制问题（如激励抑制、鲁棒镇定、跟踪和模型匹配等）都归结为鲁棒问题，从而给出了一种系统化的设计方法。② 鲁棒方法利用了输入一输出模型，又利用了状态空间法的计算机辅助设计手段。而且，像经典方法那样，设计者可根据所得频率响应曲线的形状寻求理想的控制器。③ 它既便于处理对象具有不确定性时的鲁棒控制问题，又能在激励频率谱不确定的情况下得到满意的控制性能。

然而，H∞控制通常只能在稳定鲁棒性与系统性能之间取折中，无法确保除了具有稳定鲁棒性之外激励抑制能力也能满足预定要求，即系统具有性能鲁棒性。

5.1.5　智能控制方法

所谓智能控制系统是指通过驱动自主智能机来实现其目标而无须人员参与的系统，它具有学习、适应以及组织的功能。目前，研究较多的智能控制方法主要有神经网络、模糊控制和遗传算法。

神经网络是由大量简单非线性单元连接而成的复杂非线性网络。它以分布方式存储信息，以并行方式处理信息，以连续方式进行学习，可以逼近任意复杂的非线性系统，适合无模型下的控制设计，且具有较强的容错性和自适应性，因而成为智能控制中最具吸引力的发展方向，并在振动主动控制中得到了一定的应用。它的最大缺点是控制时需要在线自学习，影响了控制的实时性，同时在许多情况下结构的模型并非完全未知，通过辨识以及实验的方法总可以对结构有部分和近似的了解，从控制的角度考虑，设计者更倾向于采取有模型下的控制设计方法，以期获得更好的控制性能。

模糊控制是智能控制的另一个重要分支。它是基于模糊集理论、模糊语言变量和模糊逻辑推理基础的控制方法。

模糊控制是一种基于规则的控制，它根据现场操作人员的控制经验或相关专家的知识，直接采用语言型控制规则，可以克服在建模过程中参数辨识困难的问题。由于源自人类的知识经验，故其控制机理和策略易于接受，而且对于实际应用中的各种干扰和参数变化有较强的鲁棒性。近年来在振动主动控制方面也得到较为广泛的应用。然而，事先划分的模糊集数目和事先定义的模糊逻辑规则限制了模糊控制的精度，需要不断地人为调整量化因子和控制增益，因而对存在可变外界激励的柔性结构适应性较差。

遗传算法是一种高效和具有隐含并行性的全局优化方法，其基本思想是基于生物进化论和遗传学说，通过自然选择、复制和变异等作用机制，使群体朝适应值高的方向进化，最终达到最优状态。遗传算法是一种局部的优化工具，不能独立完成振动主动控制的任务，需要与其他控制方法相结合。

5.1.6 自适应控制

自适应控制是一种用于结构参数存在不确定性时的振动主动控制方法。它可以自动检测系统的参数变化，时刻保持系统的性能指标为最优。自适应控制可以用于无模型的振动控制，可以根据环境以及系统的变化而进行实时的调整，具有自适应性。自适应控制主要包括模型参考自适应控制、自校正控制以及基于自适应滤波的前馈控制。

5.1.7　功率流控制算法

功率流理论是从物理学的功率概念中引申而来的，它表示单位时间内结构耗散能量的能力或外力做功的大小，功率流理论从能量的角度上反映外力大小或结构振动大小，从而更科学地评估和预测系统的动态特性。由于振动控制设备基础是柔性的，因此机器设备与柔性基础的耦合问题越来越突出，也使得功率流方法得到更多的关注，研究结果表明，系统传递功率流可作为评估隔振系统设计有效性的重要指标。柔性基础隔振系统的设计也可以认为是对基础传递功率流的控制。功率流研究方法主要分为行波方法、统计能量法、波动控制、结构声强法、导纳功率流方法等。

5.2　主动隔振自适应控制算法

自适应主动隔振就是通过不断自动调节控制参数，使得减振信号与原始振动信号的大小相等，并且方向相反。控制参数则根据剩余振动的反馈信号对参考信号进行调整。

自适应算法主要是通过实时地给出控制信号来达到振动主动控制的目的，滤波器系数自适应地调节主要利用与控制信号相关的参考信号与误差信号。自适应算法的优点是被控系统的数学建模可以不精确，其控制精度比较高，可以自动调节适应外界环境的变化，控制系统具有很高的稳定性，适用于振动的主动控制系统。

5.2.1 自适应控制算法基本原理

自适应控制是指控制器的自身特性可以随着控制对象与扰动特性的变化而变化。自适应控制系统在控制过程中不断检测以得出被控对象的连续信息；将当前被控对象信息与期望值进行比较，并按照一定目标得出控制律。

自适应控制系统是一个具有一定适应能力的系统，它能够认识环境条件的变化，并自动校正控制动作，使系统达到最优或次优的控制效果。自适应控制系统的原理框图如图 5—1 所示。

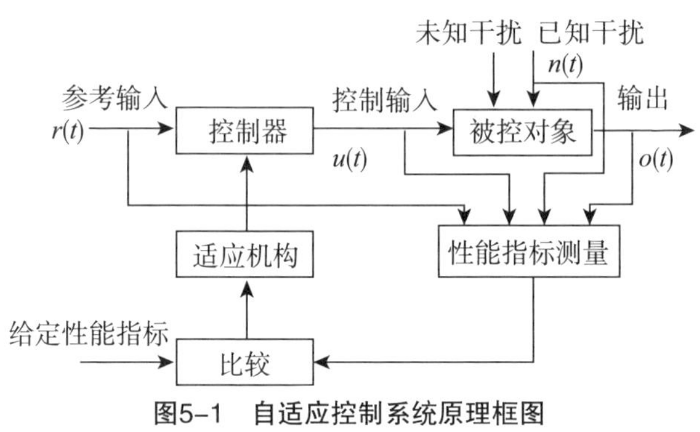

图5-1　自适应控制系统原理框图

这一系统在运行过程中，根据参考输入 $r(t)$、控制输入 $u(t)$、对象输出 $c(t)$ 和已知外部干扰 $n(t)$ 来测量对象性能指标，并与给定的性能指标进行比较，做出决策，然后通过适应机构来改变系统参数，或者产生一个辅助的控制输入量，累加到系统上，以保证系统跟踪上给定的最优性能指标，使系统处理最优或次优的工作状态。

自适应系统与其他系统的显著区别在于它包含有性能指标闭环。从本质上讲，自适应控制应具有“辨识一决策一修改”的功能，即：

辨识——不断地测取系统（被控对象）的信号和参数，并加以处理，以获得系统状态。

决策——根据所辨识的系统状态和事先给定的准则做出决断。决策包括系统的自适应算法。辨识是获得对系统的认识，而决策则是由此得出具体的控制规律。

修改——对决策所计算出来的控制参量必须不断地适当修正，并由相应的执行装置或微机系统中某一运算软件来实现。也就是说，控制律必须与参数调整律相配合（自适应），以使系统不断地趋向最优或要求的状态。

5.2.2　自适应控制的主要类型

自适应算法主要分为两大类：非盲算法和盲算法。非盲算法顾名思义，就是接收端需要借助参考信号的一个算法，而盲算法当然恰恰相反。其实现方法可以分成三类：软件实现法、硬件实现法以及软硬件结合实现法。

软件实现法完成对信号的自适应处理，主要是通过计算机软件运行自适应算法数学模型程序，所以具有可靠、灵活方便以及十分实用的优点，但是计算时间以及计算量大，信号处理的实时性差。因为一般的数字信号，处理算法简单然而却是需要大量算术运算的重复，具有很少量的输入以及输出操作。所以即使是速度中等的信号的处理，如果需要实时运算，也必须具备高性能的计算机，然而计算机却只有很少部分的运算系统被利用，所以造成很大的浪费。

硬件实现法是整个算法都利用硬件来实现的数学运算，运算依照自适应算法的数学模型设计，像一般的加法器、乘法器、输入输出端口以及系统时钟等。硬件设计可以节省资源，因为可以针对算法有针对性地选择器件，但是实现速度没有软件快。

软硬件结合实现法是利用硬件匹配软件，使处理器的硬件和软件相互利用来进行数字信号处理的方法。

自适应算法如果按照与系统的输出是否有关，又可以分成两种，一种是开环算法，另一种是闭环算法。两者的主要区别为输出和输入的相互关系不同，开环算法仅与系统输入和来自其他方面的输入有关，而闭环算法不仅与输入有关，还与上一次系统的输出相关。开环算法的稳定性好，但计算量相对要大，算法调整速度也比较快，但计算误差和元件的误差无法补偿。闭环算法实现起来简单，由于利用了输出反馈能保持最佳的输出，并且可以补偿计算误差和元件误差。

自适应算法的实现，往往与理论中实时性的条件存在着一定差异，影响因素不仅有来自理论上的，还有来自系统工作频率、结构特点、设计带来的延时等。所以，对自适应算法的研究应该从两方面着手，一是通过自适应算法的理论研究解决实时性，二是通过实现环节改进算法。

5.2.2.1　模型参考自适应控制（MRACS）

模型参考自适应控制系统由参考模型、被控对象、反馈控制器和调整控制器参数的自适应机构等部分组成。如图 5—2 所示。从图 5—2 可以看出，这类控制系统包含两个环路：内环和外环。内环是由被控对象和控制器组成的普遍反馈回路，而控制器的参数则由外环调整。

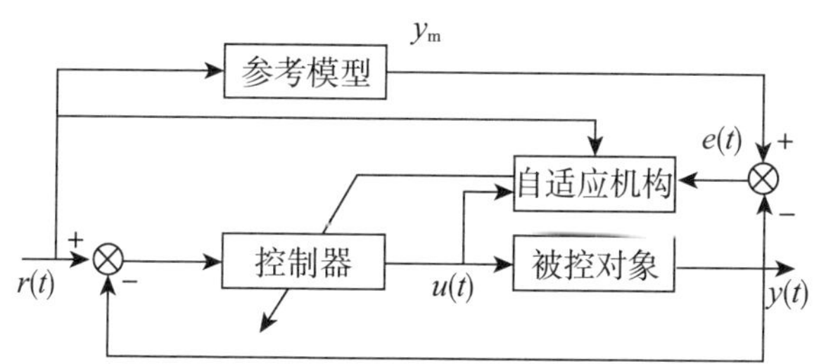

图5–2　模型参考自适应控制系统

尽管系统的初始参数未知，但通过对参考模型和对象输出的测量和比较，以及相应的控制器参数的自适应调整，系统初始参数不确定对系统运行性能的影响逐步减小，经过一段时间运行，系统对输入的动态响应最终将自动调整到与所希望模型的动态响应一致。这就是模型参考自适应的基本原理。

5.2.2.2 自校正控制系统

自校正控制系统的结构图如图5－3所示。自校正控制系统也可以看作由两个控制回路组成：内环由被控对象和常规的控制器组成；外环由参数估计器和控制器设计计算两部分组成。参数估计和控制器设计必须在线地实现，因此参数估计必须采用递推算法，控制器设计必须采用计算尽量简单的设计方法，常用的有最小方差控制和极点配置法的设计，具有这种结构的控制系统统称为自校正控制系统。

自校正控制的基本思想是将参数估计递推算法与各种不同类型的控制算法结合起来，形成一个能自动校正控制系统参数的实时计算机控制系统。根据所采用的不同类型的控制算法，可以组成不同类型的自校正控制系统。其算法比较简单，实现也比较容易，实际中它应用得也比较多。

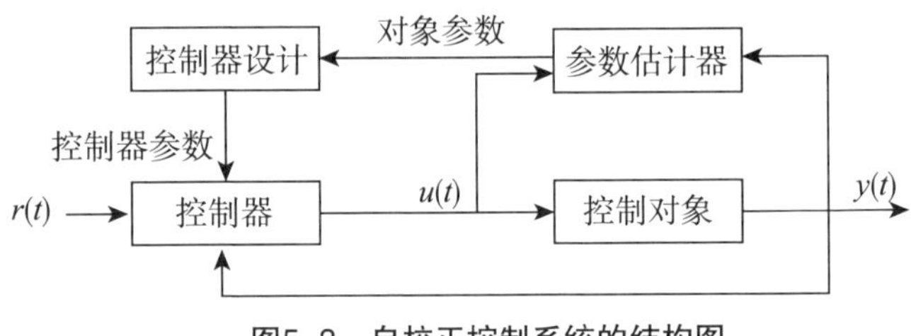

图5-3 自校正控制系统的结构图

5.2.2.3 自适应PID控制

在PID控制中，一个关键的问题便是PID参数的整定。传统的方法是在获取对象数学模型的基础上，根据某一整定原则来确定 PID 参数，然而在实际的工业过程控制中，许多被控过程机理较复杂，具有高度非线性、时变不确定性和纯滞后等特点。在噪声、负载扰动等因素的影响下，过程参数，甚至模型结构，均会发生变化。这就要求在 PID 控制中，不仅 PID 参数的整定不依赖于对象数学模型，并且 PID 参数能在线调整，以满足实时控制的要求。自适应 PID 控制将是解决这一问题的有效途径。

自适应控制思想与常规 PID 控制器相结合，形成了所谓自适应 PID 控制或自校正 PID 控制技术，人们统称为自适应 PID 控制。

自适应 PID 控制吸收了自适应控制与常规 PID 控制器两者的优点。首先，它是自适应控制器，就是说它有自动辨识被控过程参数、自动整定控制参数、能够适应被过程参数的变化等一系列优点；其次，它又具有常规 PID 控制器结构简单、鲁棒性好、可靠性高、为现场工作人员和设计工程师们所熟悉的优点。自适应 PID 控制具有的这两大优势，使得它成为过程控制的一种较理想的自动化装置，成为人们竞相研究的对象和自适应控制发展的一个方向。

5.2.2.4　自适应滤波

自适应滤波器是指利用前一时刻的结果，自动调节当前时刻的滤波器参数，以适应信号和噪声未知或随机变化的特性，得到有效的输出，主要由参数可调的数字滤波器和自适应算法两部分组成，如图 5—4 所示。

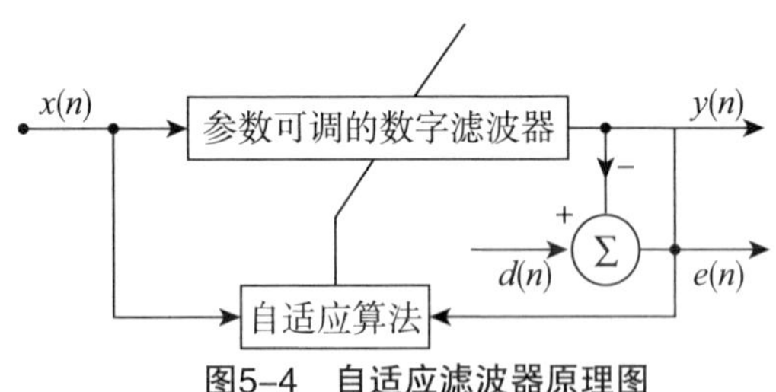

图5–4　自适应滤波器原理图

$x(n)$ 称为输入信号，$y(n)$ 称为输出信号，$d(n)$ 称为期望信号或者训练信号，$e(n)$ 为误差信号，其中，$e(n)=d(n)-y(n)$。自适应滤波器的系数（权值）根据误差信号 $e(n)$，通过一定的自适应算法不断地进行改变，以达到使输出信号 $y(n)$ 最接近期望信号。

图中参数可调的数字滤波器和自适应算法组成自适应滤波器。自适应滤波算法是滤波器系数权值更新的控制算法，根据输入信号与期望信号以及它们之间的误差信号，自适应滤波算法依据算法准则对滤波器的系数权值进行更新，使其能够使滤波器的输出趋向于期望信号。

记数字滤波器脉冲响应为：

$$h(k)=[h_0(k)\ h_1(k)\ \cdots\ h_{n-1}(k)]^{\mathrm{T}}$$

输入采样信号为：

$$x(k)=[x(k)\ x(k-1)\ \cdots\ x(k-n-1)]$$

误差信号为：

$$e(k)=y(k)-y(k)$$

$$e(k)=y(k)-h^{\mathrm{T}}(k)x(k)$$

优化过程就是最小化性能指标 $J(k)$，它是误差的平方和：

$$J(k)=\sum_{i=1}^{k}[y(i)-h^{\mathrm{T}}(k)x(i)]^{2}$$

求使 $J(k)$ 最小的系数向量 $h(k)$，即使 $J(k)$ 对 $h(k)$ 的导数为零，也就是 $\frac{\mathrm{d}J(k)}{\mathrm{d}h(k)}=0$。把 $J(k)$ 的表达式代入，得：

$$2\sum_{i=1}^{k}[y(i)-h^{\mathrm{T}}(k)x(i)]x(i)=0$$

和

$$\sum_{i=1}^{k}x^{\mathrm{T}}(i)y(i)=h^{\mathrm{T}}(k)\sum_{i=1}^{k}x(i)x^{\mathrm{T}}(i)$$

由此得出滤波器系数的最优向量：

$$h^{\mathrm{T}}(k)=\frac{\sum_{i=1}^{k}x^{\mathrm{T}}(i)y(i)}{\sum_{i=1}^{k}x(i)x^{\mathrm{T}}(i)}$$

这个表达式由输入信号自相关矩阵 $c_{xx}(x)$ 和输入信号与参考信号的相关矩阵 $c_{yx}(k)$ 组成，如下所示，维数都为 (n,n)：

$$c_{xx}(k)=\sum_{i=1}^{k}x^{\mathrm{T}}(i)x(i)$$

$$c_{yx}(k)=\sum_{i=1}^{k}x^{\mathrm{T}}(i)y(i)$$

系数最优向量也可以写成如下形式：

$$h^{\mathrm{T}}(k)_{opt}=c_{yx}(k)c_{xx}^{-1}(k)$$

自相关和互相关矩阵的递归表达式如下：

$$c_{xx}(k)=c_{xx}(k-1)+x(k)x^{\mathrm{T}}(k)$$

$$c_{yx}(k)=c_{yx}(k-1)+y(k)x^{\mathrm{T}}(k)$$

把 $c_{yx}(k)$ 的递归表达式代入系数向量表达式，得：

$$h^{\mathrm{T}}(k)=c_{yx}(k)c_{xx}^{-1}(k)$$

即

$$h^{\mathrm{T}}(k)=[c_{yx}(k-1)+x^{\mathrm{T}}(k)y(k)]c_{xx}^{-1}(k)$$

考虑到

$$c_{yx}(k-1)=h^{\mathrm{T}}(k-1)c_{xx}(k-1)$$

可以记

$$h(k)=c_{xx}^{-1}(x)[c_{xx}(k-1)h(k-1)+y(k)x(k)]$$

用前面得到的表达式求出 $c_{xx}(k-1)$，并代入上式：

$$h(k)=c_{xx}^{-1}(x)\{[c_{xx}(k)-x(k)x^{\mathrm{T}}(k)]h(k-1)+y(k)x(k)\}$$

或 $h(k)=h(k-1)+c_{xx}^{-1}(x)[y(k)x(k)-x(k)x^{\mathrm{T}}(k)h(k-1)]$

则滤波器系数的递归关系式可以记作

$$h(k)=h(k-1)+c_{xx}^{-1}(x)[y(k)x(k)-x(k)x^{\mathrm{T}}(k)h(k-1)]$$

其中

$$e(k)=y(k)-x^{\mathrm{T}}(k)h(k-1)$$

$e(k)$ 表示先验误差。只因为它是由前一个采样时刻的系数算出的，在实际中，很多时候由于 $h(k)$ 计算的复杂度而不能应用于实时控制。用 δ, I 代换 $c_{xx}(k)$，其中：δ 为自适应梯度，I 为辨识矩阵 (n,n)。

此时 $h(k)=h(k-1)+\delta_x(k)e(k)$ 。

这时就是一个最小均方准则问题。

自适应滤波是利用前一时刻已获得的滤波器参数等结果，自动地调节现时刻的滤波器参数，以适应信号和噪声未知的或随时间变化的统计特性，从而实现最优滤波。所谓“最优”是以一定的准则来衡量的，根据自适应滤波算法优化准则不同，自适应滤波算法可以分为最小均方误差（LMS）算法和递推最小二乘（RLS）算法两类最基本的算法。基于最小均方误差准则，LMS 算法使滤波器的输出信号与期望输出信号之间的均方误差最小。

应用自适应滤波算法来调整滤波器系数，可以达到滤波的效果最优，这也解决了维纳滤波器以及卡尔曼滤波器的不足。

5.3　设备主动隔振系统自适应 x—LMS 算法

从理论上说，现代控制理论的各种控制方法均可以应用到振动主动控制技术中，但针对船舶振动的特殊性，需要进行特殊处理。

船舶典型机械振源设备的激扰源基本上都是往复或者旋转或两者兼有的周期性振动，且该周期信号是可在线测得的，因此可以通过对各个振动主动控制器施加前馈控制，使其产生的主动控制力抵消传递到目标减振点的振动力，因此可采用自适应控制方法。

为了能够抑制典型声源设备引起的船体基座振动，低频线谱控制装置必须能够发出反向力，抵消设备的振动。控制装置发出力的理想情况是：与设备振动频率相同、力相反，在这种情况下，设备振动将被完全抵消。实际情况，控制装置并不可能及时地获得设备的振动信息，信号传输、信号处理必将有延时；控制器硬件的信号处理能力也有限，不可能处理传感器从振动平台捕获的全部振动信息，只能有选择地处理权值比较高的频率的振动信息。

所以，实际情况中，处理算法必须能够满足以下要求：

（1）获取振动能量相对较大的频率；

（2）控制多频率；

（3）发出信号，能够控制作动器作动，消减这些频率的振动。

以上这些要求的满足，可以是自动的，也可以是预先设置值的。最终的目标，是完成最大限度的自动化。

滤波 x—LMS 算法，因其具有计算量小、易于实现且自适应能力强等优点在振动工程领域中被广泛采用。x—LMS 算法对于低频振动的抑制效果比较好，并且能适应未知干扰和未知模型，能让结构或系统的振动始终保持在较低水平。

x—LMS 算法与传统 LMS 算法不同之处在于，该算法设计的滤波器的输入信号，是通过被控对象滤波后的信号，所以控制器对估计误差和噪声都不敏感。

5.3.1 FxLMS 算法基本理论

图 5—5 中所示为一个具有前馈控制结构的振动主动隔振系统框图。其中在时刻 k，$x(k)$ 为参考信号，作为自适应控制器 $W(z)$ 的输入信号。$u(k)$ 是自适应控制器 $W(z)$ 在时刻 k 的输出信号，作为控制信号。$e(k)$ 是振动检测点（即减振目标点）在时刻 k 所检测到的振动信号，即误差信号。

$d(k)$ 是未加控制时减振目标点在时刻 k 期望消减的振动信号，称为初级扰动信号。$s(k)$ 是控制信号经控制通道 C 在时刻 k 所形成的用于消减初级扰动的振动信号，即次级扰动信号。自适应控制器 $W(z)$ 按照一定的控制律进行自适应更新。$C(z)$ 是控制通道 C 的传递函数，$P(z)$ 是扰动通道 P 的传递函数。

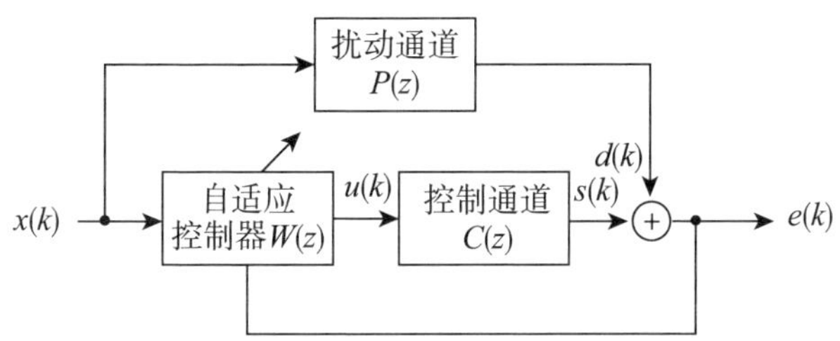

图5–5　具有前馈控制结构的振动主动控制系统

自适应控制器 $W(z)$ 通常选用有限冲击响应（Finite Impulse Response，FIR）滤波器。图 5—6 中所示的是 FIR 滤波器的具体结构。该滤波器的输入信号为 x，输出信号为 y，滤波器的阶数为 $L-1$。在时刻 k，滤波器的输出 $y(k)$ 是输入信号 x 当前时刻与过去 $L-1$ 个时刻之内的不同输入值 $x(k-i)$（$i=0,1,\cdots,L-1$）的加权和，不同输入值 $x(k-i)$ 的权系数为 $w_i(k)$。

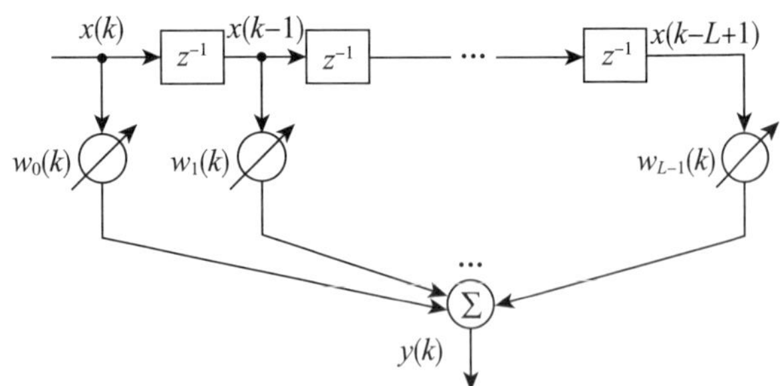

图5–6 具有有限冲击响应结构的滤波器

在时刻 k，不同权系数 $w_i(k)$ 组成权系数向量 $w(k)$，不同输入值 $x(k-i)$ 组成输入信号向量 $x(k)$，分别如式(5—1)与式（5—2）所示：

$$w(k)=[w_0(k) \quad w_1(k) \quad \cdots \quad w_{L-1}(k)]^{\mathrm{T}} \tag{5—1}$$

$$x(k)=[x(k) \quad x(k-1) \quad \cdots \quad x(k-L+1)]^{\mathrm{T}} \tag{5—2}$$

在时刻 k，滤波器的输出 $y(k)$ 为输入信号向量 $x(k)$ 与权系数向量 $w(k)$ 的数量积：

$$y(k)=x(k)\cdot w(k)=w(k)\cdot x(k) \tag{5—3}$$

图 5—6 中误差信号 e 由初级扰动信号 d 与次级扰动信号 s 叠加而成。在时刻 k，误差信号 $e(k)$ 为

$$e(k)=d(k)+s(k) \tag{5—4}$$

式（5—4）所对应的 z 变换形式为

$$E(z)=D(z)+S(z) \tag{5—5}$$

其中 $E(z)$ 为误差信号 $e(k)$ 的 z 变换，$D(z)$ 为初级扰动信号 $d(k)$ 的 z 变换，$S(z)$ 为次级扰动信号 $s(k)$ 的 z 变换。

由图 5—6 可得 $D(z)$ 与 $S(z)$ 分别为

$$D(z)=P(z)X(z) \tag{5—6}$$

$$\begin{aligned} S(z) &= C(z)U(z) \\ &= C(z)W(z)X(z) \end{aligned} \tag{5-7}$$

其中，$U(z)$ 为控制信号 $u(k)$ 的 z 变换，$X(z)$ 为参考信号 $x(k)$ 的 z 变换。

将式（5—6）与式（5—7）代入式（5—5），当 $E(z)=0$ 时控制信号 u 所形成的次级扰动信号 s 能够完全消减初级扰动信号 d，此时滤波器系数 $W(z)$ 为最优值：

$$W_{\mathrm{opt}}(z) = -\frac{P(z)}{C(z)} \tag{5-8}$$

控制通道 C 对于控制信号 u 存在延时效应，为了减少由此产生对于系统稳定性的影响，Morgan 提出了 FxLMS 算法，滤波器系数 $W(z)$ 以递推的方式逐步逼近最优值 $W_{\mathrm{opt}}(z)$。

FxLMS 算法的具体过程如下：

在时刻 k，经自适应滤波器 $W(z)$ 滤波之后所形成的控制信号 $u(k)$ 与 FIR 滤波器的输出信号 $y(k)$ 定义相同：

$$u(k) = y(k) = x(k) \cdot w(k) = w(k) \cdot x(k) \tag{5-9}$$

其中，自适应滤波器 $W(z)$ 的输入信号向量 $x(k)$ 与权系数向量 $w(k)$ 分别如式（5—1）与式（5—2）所示。

以一个 $M-1$ 阶的有限冲击响应序列 $c(k)$ 来模拟控制通道 C。有限冲击响应序列 $c(k)$ 的具体形式如下：

$$c(k) = \begin{bmatrix} c_0 & c_1 & \cdots & c_{M-1} \end{bmatrix}^{\mathrm{T}} \tag{5-10}$$

则控制通道 C 的传递函数 $C(z)$ 为

$$C(z) = c_0 + c_1 z^{-1} + \cdots + c_{M-1} z^{-(M-1)} \tag{5-11}$$

在时刻 k，控制信号 u 经控制通道 C 在减振目标点处所形成的次级扰动信号 $s(k)$ 为

$$s(k)=c(k)*u(k) \tag{5-12}$$

将式（5－9）代入式（5－12）可得次级扰动信号 $s(k)$ 为

$$s(k)=c(k)*[x(k)\cdot w(k)] \tag{5-13}$$

由于卷积运算具有结合性，式（5—13）可改写为

$$s(k)=[c(k)*x(k)]\cdot w(k) \tag{5-14}$$

定义滤波参考信号 $f(k)=c(k)*x(k)$，则对于式（5—14）可得

$$s(k)=f(k)\cdot w(k)=w(k)\cdot f(k) \tag{5-15}$$

其中 $f(k)$ 为滤波参考信号 f 在时刻 k 所形成的滤波参考信号向量：

$$f(k)=[f(k)\quad f(k-1)\quad \cdots\quad f(k-L+1)]^{T} \tag{5-16}$$

建立目标函数 J 为误差信号 $e(k)$ 的均方值：

$$J=E[e(k)^{2}] \tag{5-17}$$

其中 $E(\cdot)$ 表示取期望值。

自适应滤波器 $W(z)$ 以目标函数 J 取得最小更新权系数向量 $w(k)$，在更新过程中权系数向量 $w(k)$ 沿着目标函数 J 梯度的相反方向进行调整。实时控制应用中，为减少计算量，采用误差信号的瞬时平方值 $e(k)^{2}$ 作为均方值 $E[e(k)^{2}]$ 的近似。综合式（5—4）、式（5—15）与式(5—17)，可得权系数向量 $w(k)$ 的更新式为

$$\begin{aligned} w(k+1) &= w(k) - \mu \frac{\partial J}{\partial w(k)} \\ &\approx w(k) - \mu \frac{\partial e(k)^2}{\partial w(k)} \\ &= w(k) - 2\mu e(k) \frac{\partial e(k)}{\partial w(k)} \\ &= w(k) - 2\mu e(k) f(k) \end{aligned} \tag{5-18}$$

其中 μ 为权系数向量更新过程中所引入的收敛因子，满足 $\mu > 0$。

上式即为 FxLMS 算法时，自适应滤波器 $W(z)$ 的权系数向量 $w(k)$ 的更新公式。

图 5－7 中所示的是基于 LMS 算法的自适应滤波器结构，图 5－8 中所示的是基于 FxLMS 算法的控制框图。

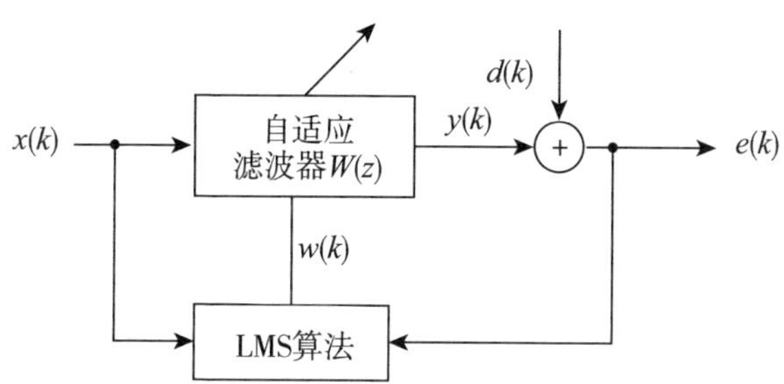

图5-7　基于LMS算法的自适应滤波器结构

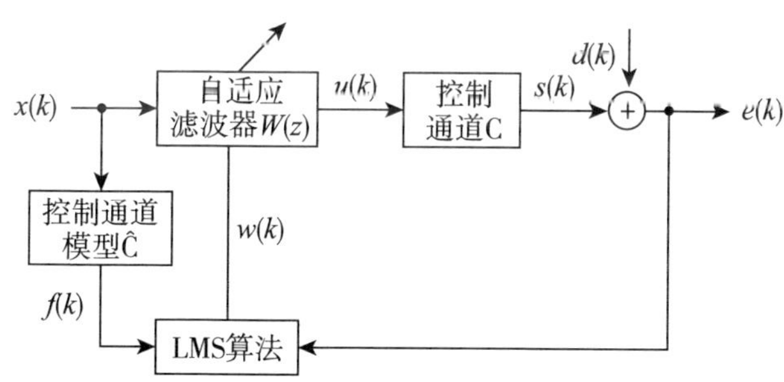

图5-8　基于FxLMS算法的控制框图

对于控制通道C的建模或辨识能够得到一个近似估计，即图5—8中的控制通道模型$\hat{C}$（其中“^”表示估计）。与LMS算法相比，FxLMS算法需要将参考信号x经控制通道模型$\hat{C}$滤波之后形成滤波参考信号f，作为自适应滤波器$W(z)$的参考输入，再按照LMS算法进行权系数向量$w(k)$的更新。

5.3.2 多输入输出滤波x—LMS算法

多输入多输出滤波LMS算法主要根据激扰参考信号，经参考信号与多误差目标的实时获取，通过实时调整FIR滤波参数，并对结构/声学系统加以作动控制，使因激扰与控制产生的多个误差信号同步趋于最小的控制算法，是一种以期望响应和滤波器输出信号之间误差的均方值最小为准则的，依据输入信号在迭代过程中估计梯度矢量，并更新权系数以达到最优的自适应算法，多输入多输出的滤波LMS算法是一种梯度最速下降法。

算法包括两个基本过程：一个是滤波过程，另一个是自适应过程。在滤波过程中，自适应滤波器计算其对输入的相应，并且通过与期望响应比较，得到估计的误差信号。在自适应过程中，系统估计误差自动调整滤波器自身的参数。

多输入多输出的滤波LMS算法框图如图5—9所示。

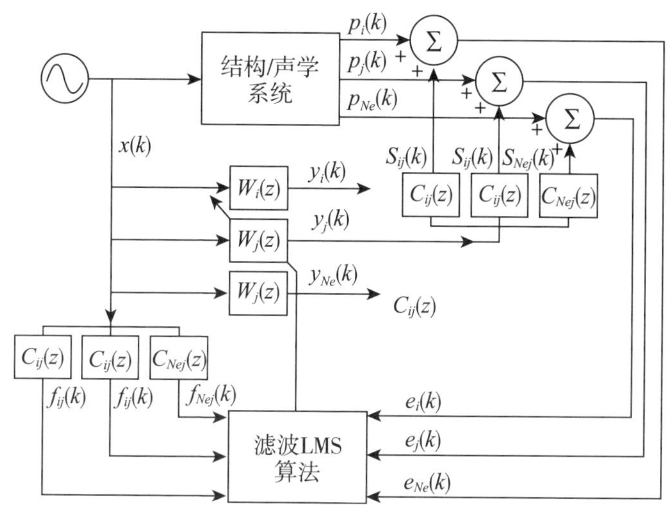

图5-9　自适应MIMO滤波LMS主动控制算法的框图

在如图 5—9 所示的自适应 MIMO 滤波 LMS 主动控制算法中，每一个控制源的输入信号是经过独立的 FIR 滤波器进行滤波的，假设每一个控制通道的滤波器具有 N 步。第 i 个误差传感器在时刻 k 时的误差信号可以视作是两部分之叠加：输入的初始激励 $p_i(k)$，每一个控制源在该处的贡献 $s_{ij}(k)$，

$$e_i(k) - p_i(k) + \sum_{j=1}^{N} s_{ij}(k) \tag{5—19}$$

第 i 个误差信号的第 j 个控制源部分不等于第 j 个控制滤波器的输出 $y_j(k)$，而是等于该控制信号经过第 j 个控制输出与第 i 个误差传感器之间的消减环节的传递函数修正。设该传递函数是一个 m 阶的 FIR 函数（向量形式）$c_{i,j}$，并

且假设系统是时不变的，可以得到：

$$s_{ij}(k)=y(k)*c_{ij}=y_j^{\mathrm{T}}(k)c_{ij} \tag{5-20}$$

其中，$y_j(k)(m\times 1)$ 表示第 j 个控制器的输出序列

$$y_j(k)=[y_j(k)y_j(k-1)\cdots y_j(k-m+1)]^{\mathrm{T}} \tag{5-21}$$

将第 j 个控制器的输出 $y_j(k)$ 展开可以得到

$$y_j(k)-x^{\mathrm{T}}(k)w_j \tag{5-22}$$

其中，s_{ij} 可以与前面部分类似地表达成滤波参考信号的形式：

$$s_{ij}(k)=[X^{\mathrm{T}}(k)w_j]^{\mathrm{T}}c_{ij}=w_j^{\mathrm{T}}[X(k)c_{ij}]=w_j^{\mathrm{T}}f_{ij}(k) \tag{5-23}$$

其中，$X(k)$ 是一个 $N\times m$ 的矩阵，表示 m 个最近的参考信号向量（$X(k)$ 中的第 m 行是计算第 $k-m+1$ 个时刻的控制器输出的参考信号），$f_{i,j}$ 表示按照第 j 个控制器与第 i 个误差信号传感器输出之间的消减环节滤波之后的滤波参考信号。这个向量的每一个分量表示参考信号 x 与消减环节传递函数的有限冲激响应环节的卷积：

$$f_{ij}(k)=x(k)*c_{ij}=x^{\mathrm{T}}(k)c_{ij} \tag{5-24}$$

在 MIMO 滤波 LMS 的控制使用中，建立的误差标准是减少每一个误差传感器的信号均方值：

$$E=\sum_{i=1}^{N_e}E\{e_i^2(k)\}=\sum_{i=1}^{N_e}\xi_i \tag{5-25}$$

其中，N_e 表示系统中的误差传感器个数。在优化权重系数时使用梯度下降算法来寻找误差标准，并可以使用一种随机的近似：

$$E\approx\sum_{i=1}^{N_e}e_i^2(k) \tag{5-26}$$

为了能够得到在当前滤波设置条件下的误差标准梯度

估计，可以将以上表达式对于控制滤波器的权重系数进行微分（需要使用到梯度下降算法）。为此，利用式（5—22），将式（5—26）表达成：

$$\sum_{i=1}^{N_e} e_i^2(k) = \sum_{i=1}^{N_e}\left[p_i(k) + \sum_{j=1}^{N_c} w_j^{\mathrm{T}} f_{ij}(k)\right]^2 \tag{5—27}$$

将上式对于第 j 个权重系数向量进行微分得到梯度估计的表达式：

$$\Delta w_j(k) \approx \sum_{i=1}^{N_e} \frac{\partial e_i^2(k)}{\partial w_j} - 2\sum_{i=1}^{N_e} f_{ij}(k) e_i(k) \tag{5—28}$$

这边再次将部分导数近似为函数导数。利用这种梯度估计方法按照标准梯度下降格式可以得到 MIMO 滤波 LMS 算法。对于第 j 个控制源，可以表达成：

$$w_j(k+1) = w_j(k) - 2\mu\sum_{i=1}^{N_e} f_{ij}(k) e_i(k) \tag{5—29}$$

如果所有的控制源同时进行自适应变化，这个算法可以表达成

$$\begin{aligned}\left[w_1(k+1) \mid \cdots \mid w_{N_c}\right] &= \left[w_1(k) \mid \cdots \mid w_{N_c}(k)\right. \\ &\quad - 2\mu\sum_{i=1}^{Ne}\left[\,\right] f_{i1}(k) \mid \cdots \mid f_{iN_c}(k)\left.\right] e_i(k)\end{aligned} \tag{5—30}$$

算法可以重新以复数的形式在频域中得到应用：

$$w_i(k+1) = w_j(k) - 2\mu\sum_{i=1}^{N_e} f_{ij}^*(k) e_i(k) \tag{5—31}$$

其中，$*$ 表示复数的共轭。

在实际系统中计算滤波参考信号时必须要使用到消减环节的传递函数。因此，对于第 j 个权重系数向量，该算法的实际使用形式是其中ˆ表示估计值。

$$w_j(k+1) = w_j(k) - 2\mu\sum_{i=1}^{N_e} f_{ij}(k) e_i(k) \tag{5—32}$$

多通道滤波 x—LMS 前馈控制中，由主动隔振系统对设备振动进行控制，每个主动隔振装置的控制量由与之对应的滤波算法决定。由式（5—24）可知道该滤波算法考虑了不同的目标点的振动情况，综合计算之后给出每一个控制器上合适的控制力。

针对多通道 LMS 前馈控制算法进行仿真分析，图 5—10 为该控制算法仿真模型图。

图 5—11 为多通道 LMS 前馈控制算法在仿真分析中各参数的时域变化曲线。

从图 5—11 可见在多通道 LMS 前馈控制算法控制下，误差信号迅速衰减，控制输出快速跟踪激扰，消振效果良好并具有可靠的控制稳定性，能够很好地应对低频周期性激扰。

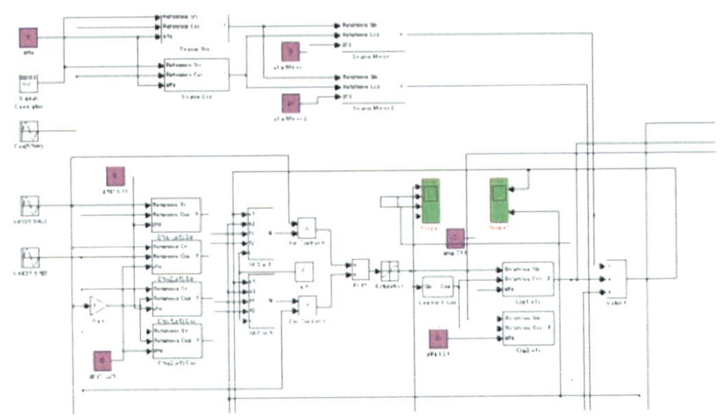

图5-10　多通道LMS前馈控制算法仿真分析模型

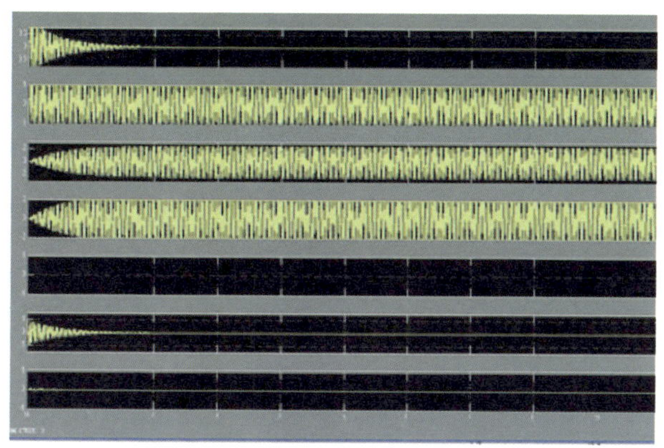

图5-11　多通道LMS前馈控制算法仿真分析

仿真表明，主动隔振系统采用的滤波 FX—LMS 控制算法能够适用于船舶设备低频振动控制。

5.4　基于神经网络的多点协调振动多线谱控制方法

工程实践中往往存在大量针对多点协调振动多线谱的控制需求。解决这方面的问题可采用神经网络算法。神经网络具有自适应、鲁棒等优良特性，特别适合于复杂结构输入输出关系的建模与自适应控制；因此，可构造神经网络控制系统架构。控制系统包括两个神经网络，一个作为辨识器 NNI，另一个作为控制器 NNC。

5.4.1　神经网络基本理论

目前，已有许多结构及形态不同的神经网络模型。这些网络在功能和信息处理的方式上虽然不同，但具有相同的机制，大致可归纳为以下三个方面：

①神经网络的基本单元（简称神经元）是简单的神经细胞模型。每个神经元具有一定的离散的或连续的内部状态，具有多个输入信号和一个输出信号。

②整个网络是由神经元以简单结构与规则复合而成的高度复杂非线性动力系统，具有信息分布存贮与并行处理功能。其中，每个神经元在接受其他神经元的输入信号后，不断改变自身状态，并将信息输出给其他的神经元。

③网络按照一定的学习规则，自组织调整各神经元之间的连接权值，以实现对环境的自适应。

（1）神经元模型：神经元模型主要是模拟生物神经元信息传递的特性，即输入、输出关系，如图 5－12 所示。

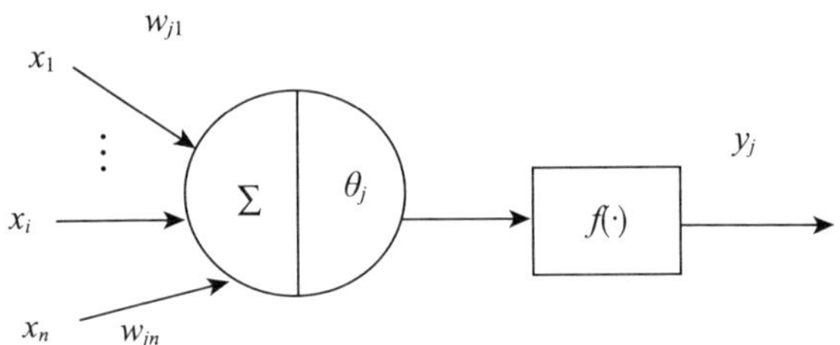

图5-12　神经元基本模型

其由多个输入 $x_i(i=1,2,\cdots,n)$ 和一个输出 y_j 组成，中间状态由输入信号的加权和表示。模型的数学表达式为：

$$y_j(t)=f\left(\sum_{i=1}^{n}w_{ji}x_i-\theta_j\right) \tag{5-33}$$

式中，x_i 为加于输入端的输入信号；w_{ji} 为连接权系数；θ_j 为神经元的阈值；n 为输入信号数目；$y_j(t)$ 为神经元 t 时刻的输出；f（•）为激励函数（或输出变换函数）。

常用的激励函数有以下几种类型：

①阈值函数

$$f(x)=\begin{cases}1, x\geqslant 0\\ -1, x<0\end{cases} \tag{5-34}$$

②线性函数

$$f(z)=x \tag{5-35}$$

③Sigmoid（S 型）函数

$$\begin{aligned} f(x)&=\frac{1}{1+e^{-\alpha x}}, 0<f(x)<1\\ f(x)&=\frac{1-e^{-\alpha x}}{1+e^{-\alpha x}}, -1<f(x)<1\end{aligned} \tag{5-36}$$

式中的 α 为常系数。

另外，还可取样条函数集、正交多项式集、对数函数、指数函数等作为激励函数。

(2) 神经网络构成及其典型模型

人的大脑具有思维认识等高级功能，是由于它是无数个神经元相互连接而构成的一个庞大而复杂的神经系统。同样，对于人工神经网络而言，其单个神经元的功能是有限的，只有将许多神经元按一定的规则连接成神经网络结构模式才具有强大的功能。当神经元的模型确定之后，神经网络的特性及能力主要取决于网络的拓扑结构，目前神经网络的结构主要有以下几种形式：

①前向网络。前向网络中的神经元是分层排列的，第一层是输入层，最后一层是输出层，中间的一层或多层为隐含层。同层的神经元之间不存在相互连接。这样从输入层到输出层的信号通过单向连接流通，神经元从一层连接至下一层。

②横向连接网络。该网络本身是前向的，但从输入到输出有反馈回路，或者为层内互连的前向网络，即同层神经元间相互连接。这样可实现同层神经元间横向抑制或兴奋的机制，从而限制层内能同时动作的神经元个数。或者把层内神经元分为若干组，让每组作为一个整体来动作。

③互连网络。互连网络由多个神经元互连而形成，有些神经元的输出被反馈给同层或前层神经元。这样能实现信号的正向和反向流通。如 Hopfield 网络和 Boltzmann 机。

以上为神经网络的几种基本结构，属静态网络；另外还有动态网络，它是由于神经元连接中存在时延反馈形成的，如时延神经网络、有输出反馈的神经网络、有内部反馈的神经网络等。

基于以上几种基本结构，目前神经网络大约有 30 种模型被开发和利用，其中最有代表性的一些模型有：

①反向传播（Back Propagation）网络。一种前向型网络，其反向传播训练算法是一种迭代梯度算法，用于求解前馈网络的实际输出与期望输出间的最小均方差值。BP 网络是一种反向传递并能修正误差的多层映射网络。当参数

适当时，它能够收敛到较小的均方差，是目前应用最广泛的网络之一。本文就将采用这种模型进行振动的控制。

②径向基（RBF）网络。一种前向型网络，因隐层单元的激励函数为 RBF 而得名。其通过改变神经元非线性变换函数的参数来实现非线性映射，并由此而导致连结权调整的线性化，从而提高学习速度。由于 RBF 网络学习收敛速度较快，近年来在自动控制中受到重视。

③自适应谐振理论（Adaptive Resonance Theory）。由 Grossberg 提出，是一个根据可选参数对输入数据进行粗略分类的网络。其特点是利用生物神经细胞自兴奋与侧抑制的动力学原理指导学习，让输入模式通过网络双向连接权的识别与比较，最后达到共振来完成自身的记忆。ART 的不足之处在于过分敏感，输入有小的变化时，输出变化很大。

④Hopfield 网络。由 Hopfield 提出，是一类不具有学习能力的单层自联想网络。网络中每个神经元的输入信号通过其他神经元又反馈到自己，所以该网络是一种反馈型神经网络。Hopfield 神经网络分离散型和连续型两种，其模型由一组可使某个能量函数最小的微分方程组成。系统的稳定性可用所谓的“能量函数”（即李雅普诺夫或哈密顿函数）进行分析。在满足一定条件下，某种“能量函数”的能量在网络运行过程中不断减小，最后趋于稳定的平衡状态。由于其计算代价较高，且需要对称连接，致使其适

用范围受到限制。

⑤Boltzmann 机械模型。由 Hinton 等人借助统计热力学的概念和方法提出了 Boltzmann 机械模型。它是一种随机神经网络，SA 算法是这种网络运行和学习的基础。其建立在 Hopfield 网络基础之上，具有学习能力，能通过一个模拟退火过程来寻求解答。Boltzmann 机模型有两种结构：一种由可视层和隐含层两部分组成，主要用以随机性自联想记忆；一种可视层又进一步分为输入和输出两部分，它主要用于随机性的互联想记忆。该网络训练时间比 BP 网络要长。

⑥自组织映射（Self—Organizing Map）网络。由 Kohonen 提出，以神经元自行组织以校正各种具体模式的概念为基础。它由输入层和竞争层组成，两层之间实行全互连接，有时竞争层各神经元之间实行侧抑制连接。网络通过对输入模式的反复学习，可以使连接权矢量的空间分布密度与输入模式的概率分布趋于一致，即连接权矢量的空间分布能反映输入模式的统计特征。SOM 能形成簇与簇之间的连续映射，起到矢量量化器的作用。

⑦对向传播（Counter Propagation）网络是将 Kohonen 特征映射网络与 Grossberg 基本竞争型网络巧妙结合，发挥各自特长的一种新型特征映射网络。网络由输入、竞争和输出三层构成，各神经元之间全互连接。输入层至竞争层，网络按 SOFM 规则产生获胜神经元，并按这一规则调整连

接权值；竞争层至输出层网络按基本竞争型网络学习规则，得到输出层各神经元的实际输出值，并按有教师示教的误差校正方法调整连接权值。经过反复学习，可以将任意输入模式映射为输出模式。

（3）误差反向传播算法

误差反向传播（BP）算法是应用最广泛的多层前向网络训练算法，该算法因简单、易行、计算量小、并行性强等特点而成为多层前向网络的首选算法，一般称采用 BP 算法的多层前向网络为误差反向传播（BP）网络，本文中应用的网络结构即为 BP 网络。

误差反向传播算法通过一个使目标函数最小化的过程来完成从输入到输出的映射。通常目标函数定义为所有输入模式上输出层单元的期望输出与实际输出间误差的平方和。标准的 BP 网络由三层神经元组成，依次称为输入层、隐含层和输出层。各层间神经元形成全互连，各层内的神经元间无连结，信号依次由低层神经元向高层神经元传输。

BP 算法的学习分成两个阶段：第一阶段为正向传播阶段，即对于给定的网络输入，通过现有的连接权将其正向传播，获得各个单元的实际输出；第二阶段为反向传播阶段，即首先计算出输出层各个单元的一般化误差，这些误差再逐层向输入层方向反向传播，以获得调整各连结权所需的各单元的参考误差。

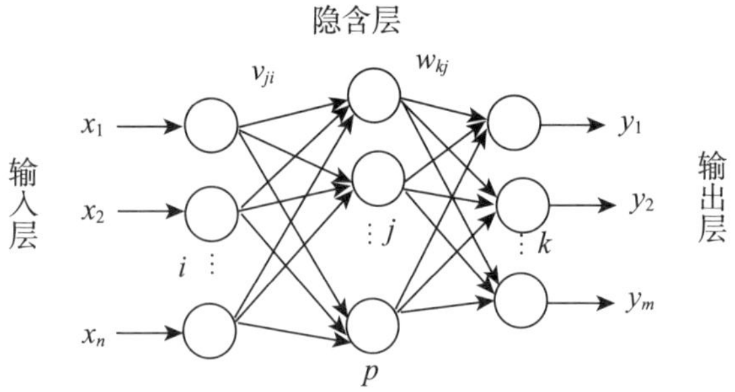

图5-13　标准BP网络结构

网络输入为 $X=[x_1,x_2,\cdots,x_n]^T$，隐含层神经元个数为 p，网络输出为 $Y=[y_1,y_2,...,y_m]^T$。具体过程如下：

①正向传播

输入层第 i 个单元的输入值为 $x_i(i=1,2,\cdots,n)$，通过连结权 v_{ji} 送到隐含层单元。这样隐含层第 j 个单元的输入、输出分别为：

$$net1_j(t)=\sum_{i=1}^{n}v_{ji}x_i+\theta_j \tag{5-37}$$

$$o_j(t)=g(net1_j(t)) \tag{5-38}$$

隐含层的激励函数通常取为S型非线性函数：$g(x)=\dfrac{1}{1-e^{-x}}$。

隐含层第 $j(j=1,2,\cdots,p)$ 个单元的输出值通过连结权 w_{kj} 送到输出层。这样输出层第 k 个单元的输入、输出分别为：

$$net2_k(t)=\sum_{j=1}^{p}w_{kj}o_j(t)+\gamma_k \tag{5-39}$$

$$y_k(t)=f(net2_k(t)) \tag{5-40}$$

一般取输出层的激励函数为 $f(x)=\dfrac{1+e^{-x}}{1-e^{-x}}$。

式中　$net1_j(t)$——隐含层第 j 个神经元 t 时刻的输入；

v_{ji}——隐含层第 j 个神经元与输入层第 i 个神经元间的连接权值；

θ_j——隐含层第 j 个神经元的阈值；

$o_j(t)$——隐含层第 j 个神经元 t 时刻的输出；

$net2_k(t)$——输出层第 k 个神经元 t 时刻的输入；

w_{kj}——输出层第 k 个神经元与隐含层第 j 个神经元间的连结权值；

γ_k——输出层第 k 个神经元的阈值；

$y_k(t)$——输出层第 k 个神经元 t 时刻的输出。

②误差反向传播

a. 计算误差

令网络的期望输出为：$D=[d_1,d_2,\cdots d_k,\cdots,d_m]^T$，则输出单元的误差为：

$$e=[\delta_1,\delta_2,\cdots,\delta_k,\cdots,\delta_3]^T \tag{5-41}$$

式中：$\delta_k=d_k-y_k(k=1,2,\cdots,m)$。

取输出误差的平方为目标函数，得总体误差函数：

$$J(w)=\frac{1}{2}e^Te=\frac{1}{2}\sum_{k=1}^{m}\delta_k^2=\frac{1}{2}\sum_{k=1}^{m}[d_k-f(\sum_{j=1}^{p}w_{kj}g(\sum_{i=1}^{n}v_{ji}x_i+\theta_j)+\gamma_k)]^2 \tag{5-42}$$

$J(w)$ 是关于权值 w 的连续可微函数，可用梯度下降法来调整权值。

b. 反向传播调整权值

求总体误差 $J(w)$ 关于权值 w 的梯度 $\nabla J(w)$，以确定权值的调整量 ∇w。误差从输出层反传到隐含层再反传到输入层来调整权值。

对于输出层与隐含层的连结权，其调整量为：

$$\Delta w_{kj} = -\frac{\partial J}{\partial w_{kj}} = -\frac{\partial J}{\partial y_k} \cdot \frac{\partial y_k}{\partial net2_k} \cdot \frac{\partial net2_k}{\partial w_{kj}} = \delta_k^{(2)} \cdot o_j \tag{5-43}$$

其中：$\delta_k^{(2)} = -\delta_k \cdot f'(net2_k)$。

对于隐层与输入层的连结权，其调整量为：

$$\Delta v_{ji} = -\frac{\partial J}{\partial v_{ji}} = -\frac{\partial J}{\partial net1_j} \cdot \frac{\partial net1_j}{\partial v_{ji}} = -\frac{\partial J}{\partial net2_k} \cdot \frac{\partial net2_k}{\partial o_j} \cdot \frac{\partial o_j}{\partial net1_j} \cdot \frac{\partial net1_j}{\partial v_{ji}}$$

$$= -\frac{\partial J}{\partial y_k} \cdot \frac{\partial y_k}{\partial net2_k} \cdot \sum_{k=1}^{m} v_{kj} \cdot g'(net1_j) \cdot x_i = \delta_j^{(1)} \cdot x_i \tag{5-44}$$

其中：$\delta_j^{(1)} = -g'(net1_j) \cdot \sum_{k=1}^{m} v_{kj}\delta_k^{(2)}$。

按照最陡下降原理，权值的调整为：

$$w_{kj}(t+1) = w_{kj}(t) + \lambda\Delta w_{kj}(t) \tag{5-55}$$

$$v_{ji}(t+1) = v_{ji}(t) + \beta\Delta v_{ji}(t) \tag{5-56}$$

式中　λ，β——学习率。

从上述式中可以看出，输入信号从输入层经隐含层向输出层正向传播的同时，误差信号从输出层经隐含层向输入层传播。

连结权的变化有两种方式，一是正比于整个模式集上各个模式对应的负梯度之和，这种方法称为累积误差反传算法；然而实际中往往采用另一种方法，即每给网络提供一个模式对，就计算各单元的误差系数并进行连结权值的调整，这种方法称为标准误差反传算法。标准误差反传算法要求将训练集上的模式对随机地提供给网络，这样可使网络获得更快的收敛速度。在本文采用标准误差反向传播算法。

③系统的神经网络辨识

神经网络用于系统辨识的实质就是选择一个合适的神经网络结构，使其能尽量逼近实际系统的输入输出关系，同时网络结构本身还要尽量简单。辨识的过程为，当所选的网络结构（常用多层感知器、BP 网络、Hopfield 网络等）确定之后，在给定的被辨识系统输入输出观测数据下，网络通过学习（训练），不断调整权系数，使得准则函数为最优。

辨识通常分为在线辨识和离线辨识两种方式。在线辨识在系统实际运行中完成，辨识过程要求具有实时性。离线辨识先取得系统的输入输出数据，存储后再辨识，无实时性要求。

离线辨识能使网络在系统工作前预先完成学习过程，但因输入输出训练集很难覆盖所有可能的工作范围，所以为克服其不足，一般可先进行离线训练，得到网络的权系数，将得到的权值作为在线学习的初始权值，再进行在线学习，以便能加快后者的学习过程。在辨识系统特性变化的情况下，网络通过自身的学习能力，不断地调整权值，实现自适应地跟踪被辨识系统的变化。

按不同辨识系统的结构，有两种辨识方案：并联型结构和串—并联型结构，分别如图 5—14（a）、图 5—14（b）所示。在并联型结构中，神经网络和系统同时接受同一外部输入信号，系统的输出不作为网络的输入信号，故网络和系统是相互独立的过程，它们的输入互不干扰；串—并联型结构与并联型结构的不同之处在于其将系统的输出也作为网络的部分输入信号，这样网络和系统不再是两个相互独立的过程，网络的动态行为受系统的影响。

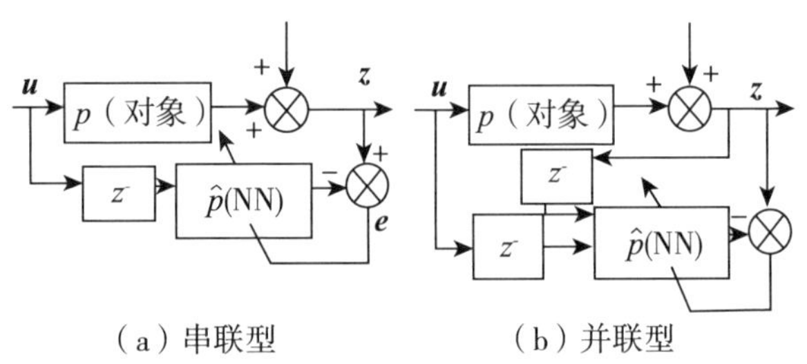

图5–14　神经网络串—并联辨识方案

总的来讲，神经网络辨识的特点是：

a. 为神经网络本质上已作为一种辨识模型，其可调参数反映在网络内部权值上，所以不要求建立实际系统的辨识格式，即可避免系统结构建模。

b. 可以对本质非线性系统进行辨识。辨识是非算法式的，这由神经网络本身体现。

c. 辨识的收敛速度不依赖于辨识的系统的维数，而只与神经网络本身及其所采用的学习算法有关。

d. 神经网络具有大量连结，其连结权值在辨识中对应于模型参数，通过调节这些参数可使网络的输出逼近系统输出。

e. 神经网络作为实际系统的辨识模型，实际上也是系统的一个未来实现，可用于在线控制。

5.4.2　多线谱控制系统架构

神经网络由多个非线性单元组成，具有自适应、鲁棒等优良特性，特别适合于复杂结构输入输出关系的建模与自适应控制；因此，针对多点协调振动多线谱控制需求，可构造神经网络控制系统架构。控制系统包括两个神经网络，一个作为辨识器 NNI，另一个作为控制器 NNC。辨识器 NNI 采用的是两层线性神经网络，其权值修正公式是基于 Widrow—Hoff 法则。控制器 NNC 采用的是三层 BP 网络，NNC 是优化控制的核心，其对整个实验的实现起主导作用，优化控制参数，并通过不断学习反馈实现控制目标。

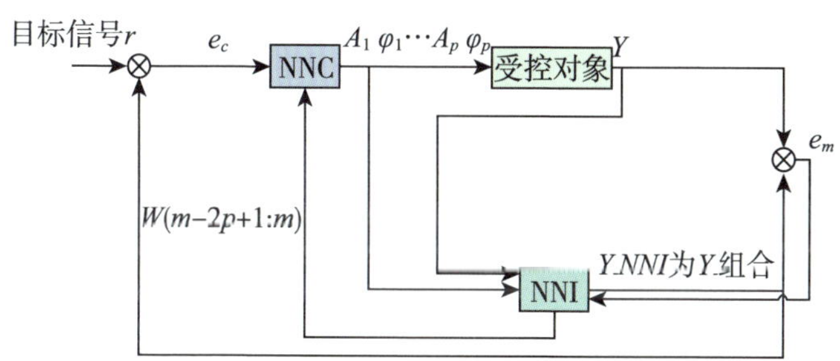

图5–15　系统的神经网络整体架构

图 5—15 为系统的神经网络整体架构，由图可知，r 为目标信号，NNC 为控制器，NNI 为辨识器。控制器的输入

为 e_c，输出为 $[A_1\ \varphi_1 \cdots A_p\ \varphi_p]$，$e_c$ 为目标信号 r 与辨识器的输出的差值。辨识器的输出为 Y_NNI，辨识器的输入为振动信号 Y 与控制器的输出的组合，即 $[Y(k)\ Y(k-1) \cdots Y(k-n+1)\ A_1\ \varphi_1 \cdots A_p\ \varphi_p]^{\mathrm{T}}$，其中，$Y\_NNI$ 为下一时刻的振动信号即 $[\hat{Y}_m(k+n)\ \hat{Y}_m(k+n-1) \cdots \hat{Y}_m(k+1)]^{\mathrm{T}}$。辨识器 NNI 实现对受控对象系统的建模作用，其网络结构如图 5－16 所示，辨识器 NNI 的输出与实际振动信号的差值为误差信号 e_m，该误差信号通过一定的学习规则就得到了辨识器 NNI 的权值修正公式。通过此网络，我们可以建立 $\hat{Y}_m(k+1)$ 和控制参数 $[A_1\varphi_1 \cdots A_p\ \varphi_p]$ 之间的关系，即 $W(m-2p+1:m)$，$W(m-2p+1:m)$ 为辨识器权值的后四列。

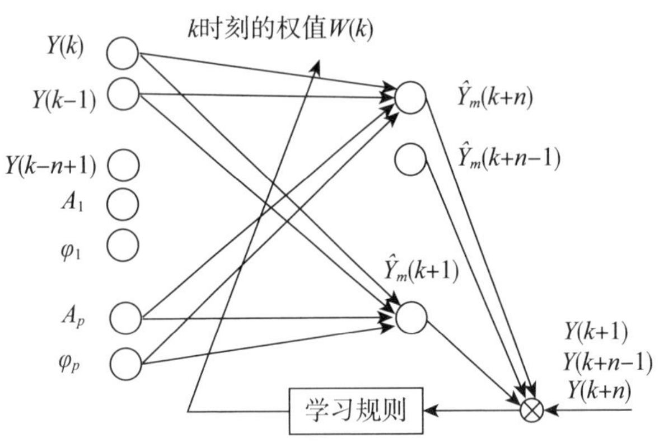

图5-16　辨识器NNI的网络结构

控制器 NNC 采用典型的三层 BP 神经网络，如图 5－17 所示。其输入为当前梁的响应信号与目标信号的差值 e_c，输出为梁的受控激励参数 $X_l = [A_1\ \varphi_1 \cdots A_p\ \varphi_p]$，将此参数作用于梁，又得到响应信号及相应的误差，如此循环学习，实现最终目标。

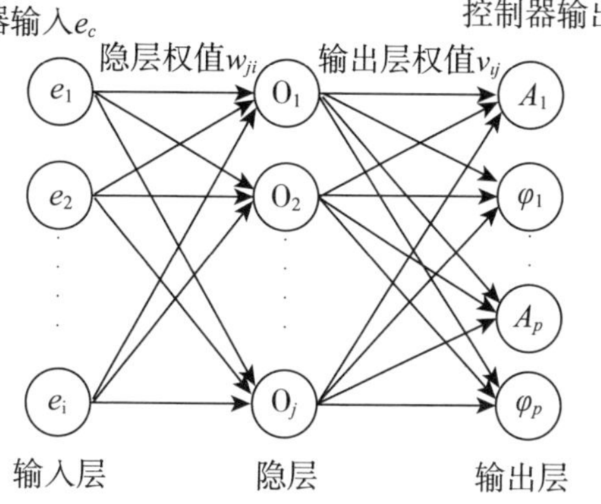

图5-17　控制器NNC网络结构

5.4.2　神经网络权值阈值修正公式

辨识器 NNI 结构如图 5－16 所示，采用 Widrow－Hoff 法则修改权值：

$$W(k+1) = W(k) + \frac{\alpha^i \cdot e(k+1) \cdot Y(k)}{\varepsilon + Y^{\mathrm{T}}(k) \cdot Y(k)} \tag{5-57}$$

其中，$W(k)$ 为第 k 时刻的权值；$W(k+1)$ 为第 $k+1$ 时刻的权值；$e(k+1)$ 为对象输出 $Y(k+1)$ 与 NNI 输出 $Y_m(k+1)$ 之差，$\alpha^i \in (0,2)$ 为衰减因子，常数 ε 为很小的正值，用于避免 $Y^{\mathrm{T}}(k) \cdot Y(k) = 0$ 时除以零。

控制器 NNC 的结构如图 5－17 所示，目标信号 $r =$

$[r_1,r_2,\cdots,r_n]$，振动响应 $Y=[Y_1,Y_2,\cdots,Y_n]$，误差函数：

$$J=\frac{1}{2}\sum_n(r_n-y_n)^2=\frac{1}{2}(r-Y)^2 \tag{5-58}$$

其中，r_n，y_n 分别为目标信号和振动响应；$(r-Y)^2$ 为向量 r 与 Y 各元素的平方和。

隐层节点输出误差函数：

$$O_j=f(\sum_i w_{ji}e_i-\theta_j)=f(net_j) \tag{5-59}$$

其中，$net_j=\sum_i w_{ji}e_i-\theta_j$。

输出层节点输出误差函数：

$$X_l=f(\sum_j v_{lj}O_j-\theta_l)=f(net_l) \tag{5-60}$$

其中，$net_l=\sum_j v_{lj}O_j-\theta_l$。

通过误差函数对输出节点的权值求导，可以得到该神经网络控制器的权值修正公式为：

$$\begin{aligned}
&v_{lj}(k+1)=v_{lj}(k)+\Delta v_{lj}\\
&\theta_l(k+1)=\theta_l(k)+\Delta\theta_l\\
&\Delta v_{lj}=\eta\delta_l\cdot O_j\\
&\Delta\theta_l=\eta\delta_l\\
&\delta_l=(r-Y)\cdot W(m-2p+1:m).*f'(net_l)
\end{aligned} \tag{5-61}$$

通过误差函数对输出节点的阈值求导，可以得到该神经网络控制器的阈值修正公式为：

$$\begin{aligned}
&w_{ji}(k+1)=w_{ji}(k)+\Delta w_{ji}\\
&\theta_j(k+1)=\theta_j(k)+\Delta\theta_j\\
&\Delta w_{ji}=\eta\delta_j\cdot e_i\\
&\Delta\theta_j=\eta\delta_j\\
&\delta_j=\sum_l(r-Y)\cdot W(m-2p+1:m)\cdot f'(net_l)\cdot v_{lj}\cdot f'(net_j)
\end{aligned} \tag{5-62}$$

5.4.3　误差评判函数

在实际系统中，由于噪声等各种环境干扰的存在，严重干扰了控制系统的稳定性，为了克服这一缺点，算法在误差分析上采用了频域误差评判函数。它与时域误差评判函数的区别在于频域误差评判函数是通过比较信号控制频点的频谱幅值来判断算法的收敛情况，同时还综合运用了全局频域误差指标和局部频点误差指标，既解决了算法的稳定性，又提高了效率。

频点误差构造如下：

$$E=\frac{1}{K}\sum_{k}(r_k-Y_k)^2 \tag{5-63}$$

其中，r_k 为目标频谱中第 k 个特征频点的幅值，Y_k 为实时振动频谱中第 k 个特征频点的幅值，N 是特征频点个数。

因此，构造迭代收敛评判准则为：

$$J\leqslant err1\text{ 且 }E\leqslant err2 \tag{5-64}$$

其中，$err1$ 为全局频域误差收敛精度，$err2$ 为特征频点误差收敛精度。

采用以上构造的误差评判准则具有以下两点优势：

（1）全局频域误差可节省控制时间，使迭代过程更稳定。

目标信号与实时振动信号均为频域信号，因此在整个控制过程中无须进行 IFFT 转换，可缩短单次控制循环的流程，节省控制时间。另，频域信号与时域信号并非单一对应关系。多个时域信号可能对应基本类似的同一频域信号，所以，频域误差可准确反映实时振动信号与目标信号之间的逼近过程。

（2）构造的混合收敛评判准则可有效提高自适应性与抗干扰能力。

若单独采用全局误差作为迭代收敛评判准则，则可能造成控制过程需要更长时间收敛或根本无法收敛。如图5－18所示，（a）为目标信号，（b）为实时信号。在控制过程中，控制结果需聚焦于特征频点处，若特征频点处的实时振动幅值与目标信号非常接近，而频点处的幅值较小，可认定已满足要求。如果采用全局误差作为收敛准则，因其关注点为整个频带，无法聚焦特征频点，导致无法收敛。

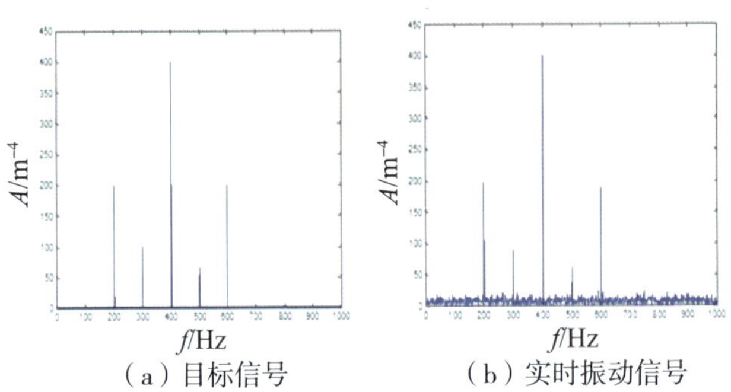

图5-18　单独采用全局频域误差时的收敛性说明图

若单独采用频点误差为迭代收敛评判准则，可能导致得到的控制结果无法满足要求。如图 5－19 所示，实时振动信号（b）在特征频点 200Hz、300Hz、500Hz、600Hz 处的幅值完全被其他频点幅值湮没，此控制结果无法接受。但若单独采用特征误差作为迭代收敛准则，由于其主要关注特征频点处的幅值，则可能产生图 5—19 中的控制结果。

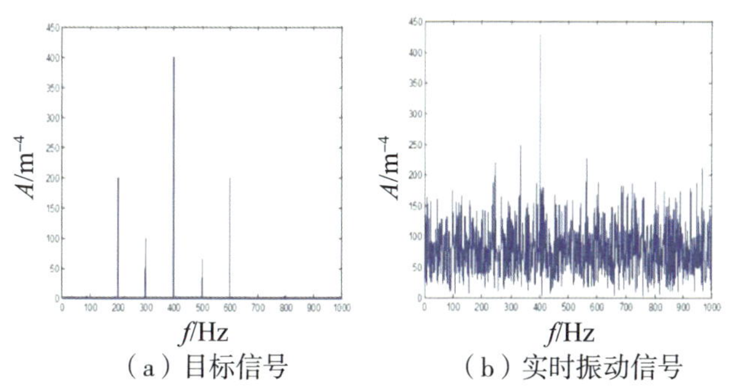

（a）目标信号　　（b）实时振动信号

图5–19　单独采用特征频点误差时的收敛性说明图

因此，采用全局误差与频点误差相结合的混合误差迭代收敛评判准则可有效避免以上两点问题。此外，该收敛准则可有效提高控制算法的自适应性与抗干扰性。工程中的背景噪声是一个无法避免的问题，在该方法中，通过适当调整 err1 可有效提高算法的抗干扰性。在背景噪声容许范围内时，适当增大 err1，可有效减小背景噪声对算法收敛性的影响，提高算法的收敛速度。

图 5—20 为四线谱仿真分析结果，在四线谱仿真分析中，针对 20Hz、50Hz、75Hz、100Hz 四个特征频点处同步控制，目标实现 20Hz 处振动幅值达到 4.5mm/s^{-2}，

50Hz 处达到 1mm/s^{-2}，75Hz 处达到 3mm/s^{-2}，100Hz 处达到 0.5mm/s^{-2}。图 5－20 的仿真分析结果显示，通过神经网络多点协调振动多线谱控制方法，在四个频点处很好地实现了多线谱的同步控制，四个谱线处的误差曲线显示，整个控制迭代过程稳定，误差曲线光滑。

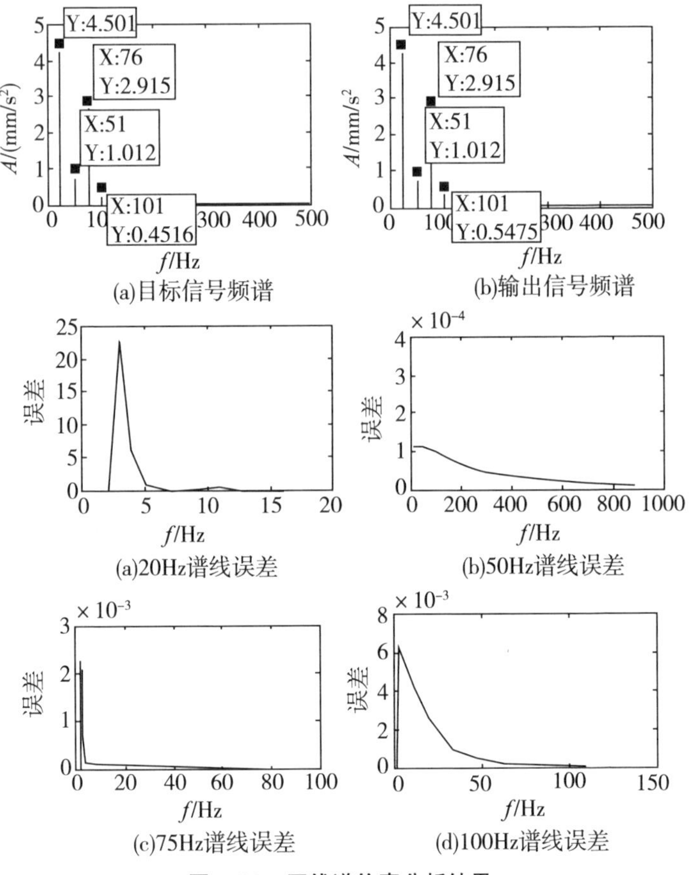

图5-20　四线谱仿真分析结果

针对多点协调振动多线谱控制需求，采用神经网络控制方法，通过梯度下降法，构造了算法的参数迭代优化公式，构造了混合误差评判准则，有效提升了方法的鲁棒性。通过双线谱与四线谱的系列仿真，验证了方法的有效性。

第 6 章　主动隔振装置控制器硬件

控制器硬件是主动隔振系统的重要物理组成部分，是主动隔振控制算法的硬件载体，是整个主动隔振系统的控制中枢。在某种程度上，控制器的好坏直接决定了系统的隔振效能与控制稳定性。

装置振动控制单元复杂多变、影响因数多、控制参数繁杂，并且由于多支点振动耦合关系复杂而带来对并行控制的特殊需求，造成控制响应要求高、控制参数庞大等特点。因此如果没有强大功能的控制器硬件，要实现高效、高速、可靠的主动隔振控制算法是非常困难的。

6.1　主动隔振系统中硬件控制流程

通常的主动隔振系统组成如图 6—1 所示，由振动传感器从振动平台上获取振动信号。传感器的电压信号通过适配器传递给控制板。控制板为 DSP 板，上有 CPU，A/D，D/A 等模块。A/D 可以把模拟信号转化为数字信号，数字信号通过 CPU 来处理，处理算法在 DSP 的 FLASH 中的程序，处理后的结果通过 D/A 传递给驱动器。驱动器作动电机振动，达到隔振效果。

当预定的控制周期到来时，DSP 定时器产生一个硬件中断，程序转入中断服务子程序。程序首先采集振源和消振目标点的振动信号并进行滤波放大等预处理，然后根据预定的控制算法，计算出当前控制周期内所需的控制量并经 D/ A 转换后输出。之后返回主程序等待下一个控制周期的到来，如此循环反复实现振动主动控制过程。

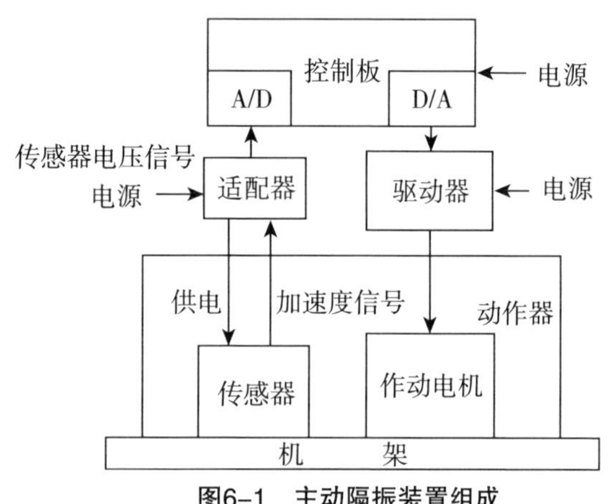

图6-1　主动隔振装置组成

6.2　控制硬件系统构架及选型

6.2.1　控制硬件系统构架

与数据采集不同，振动控制不但要快速采集，还要在很短的时间内进行运算及数据输出。

常用的控制系统构架有以下几种：基于工业 PC 的控制系统；基于单板机的控制系统；基于单片机或 DSP 的控制系统。

采用单板机，需要上位机时可采用串口、CAN 总线或以太网进行数据交互。这种设计具有体积小、成本低、易于安装和接线以及高性能的特点，易于推广和商业化，但其开发周期长，难度大。

工业 PC 这种设计具有易于实现和高性能的特点，所有部件可直接采购。但这种设计体积大、成本高，不易于推广和商业化，一般用于过渡研究使用。

基于工业 PC 和基于单板机的控制系统由于需要操作系统的支持，故实时性较差，控制周期一般很难做到 $50\mu s$ 以下。

dSPACE 实时仿真系统，具有数据采集和输出控制功能，而且还可以与 MATLAB/Simulink 无缝对接，具有良好的实时性、可靠性与扩充性，可以实现硬件在环仿真与控制模型的快速验证，这使得主动隔振系统的算法验证更加高效。

但 dSPACE 实时仿真系统的设计工作温度是民用级的，只适用于实验室研究阶段；当振动主动控制的规模（控制系统的输入数与输出数）增大之后，dSPACE 产品的采购成本将会随之比例增大；另外，高度封装的软件模块限制了控制运算程序的二次开发及优化。这些因素限制了dSPACE产品在工业与军事领域中的使用范围。

数字信号处理器（DSP）主要用于实现数字信号处理中的各种算法。DSP的设计工作温度包括民用级、工业级、军用级，适用于无线通信、生命医疗、工业控制、军事工业、航天航空等各领域。DSP的运算速度和资源优于单片机，故拟选用DSP作为装置的主控制芯片。

6.2.2 DSP选型

DSP是基于哈佛结构，可以进行乘法除法和常用算法硬件加速计算的数字信号处理芯片，适合于进行数字信号处理运算的微处理器，其主要应用是实时快速地实现各种数字信号处理、运动控制算法。

在近20年里，DSP芯片在信号处理、通信、多媒体、工业控制等许多领域得到广泛的应用。

生产DSP的公司主要有TI公司、AD公司、Motorola公司、AT&T公司。其中TI占有最大的市场份额。TI公司DSP产品的选型主要考虑处理速度、功耗、程序存储器和数据存储器的容量、片内的资源，如定时器的数量、I/O口数量、中断数量、DMA通道数等。TI公司现在主推四大系列DSP：

（1）C5000系列（定点、低功耗）：C54X、C54XX、C55X相比其他系列的主要特点是低功耗，适合个人与便携式上网以及无线通信应用，如手机、PDA、GPS 等应用。处理速度在 80～400MIPS 之间。C54XX 和 C55XX 一般只具有 McBSP 同步串口、HPI 并行接口、定时器、DMA 等外设。

（2）C2000 系列（定点、控制器）：C20X、F20X、F24X、F24XX、C28x 系列 WATCHDOG、CAN 总线/PWM 发生器、数字 IO 脚等，是针对控制应用最佳化的 DSP，在 TI 所有的 DSP 中，只有 C2000 有 FLASH，也只有该系列有异步串口可以和 PC 的 UART 相连。

（3）C6000 系列：C62XX、C67XX、C64X 系列以高性能著称。32bit，其中：C62XX 和 C64X 是定点系列，C67XX 是浮点系列。该系列提供 EMIF 扩展存储器接口。该系列只提供 BGA 封装，只能制作多层 PCB，且功耗较大。同为浮点系列的 C3X 中的 VC33 速度较低，最高在 150MIPS。

（4）OMAP 系列：OMAP 处理器集成 ARM 的命令及控制功能，另外还提供 DSP 的低功耗实时信号处理能力。

小规模装置以 DSP 板卡为基础进行控制器构建。大规模需进行并行运算分析和硬件架构。

6.3 并行运算分析

6.3.1 控制算法运算量分析

以 FxLMS 算法为例进行控制运算量分析。多频点多输入多输出情形下的 FxLMS 算法更新式为

$$\begin{cases} x_{Sl}(k) = \sin(k\omega_{0l}) \\ x_{Cl}(k) = \cos(k\omega_{0l}) \end{cases} \tag{6-1}$$

$$\begin{cases} f_{Sijl}(k) = A_{cijl}\sin(k\omega_{0l} + \phi_{cijl}) \\ f_{Cijl}(k) = A_{cijl}\cos(k\omega_{0l} + \phi_{cijl}) \end{cases} \tag{6-2}$$

$$\begin{cases} w_{Sil}(k+1) = w_{Sil}(k) - 2\mu\sum_{j=1}^{n_s} e_j(k) f_{Sijl}(k) \\ w_{Cil}(k+1) = w_{Cil}(k) - 2\mu\sum_{j=1}^{n_s} e_j(k) f_{Cijl}(k) \end{cases} \tag{6-3}$$

$$u_{il}(k) = w_{Sil}(k)x_{Sl}(k) + w_{Cil}(k)x_{Cl}(k) \tag{6-4}$$

$$u_i(k) = \sum_{l=1}^{n_f} u_{il}(k) \tag{6-5}$$

其中，下标 $i=1,2,\cdots,n_m$ ，表示第 i 个作动器；下标 $j=1,2,\cdots,n_s$，表示第 j 个减振目标检测点；下标 $l=1,2,\cdots,n_f$，表示第 l 个控制频点。表 6－1 中给出了式（6－1）和式（6－2）中各变量的含义及说明。对于控制系统，误差信号 e_j 是输入量，控制信号 u_i 是输出量，控制频点圆频率 ω_{0l}、控制通道模型 C_{ij} 的频响 A_{cijl} 与 ϕ_{cijl}、收敛因子 μ 是已知量，其余变量则是 FxLMS 算法在运算过程中引入的中间量。

表 6—1 FxLMS 算法的变量含义及说明

变量	含义	数量
ω_{0l}	控制频点圆频率	n_{f}
$x_{\mathrm{S}l}$，$x_{\mathrm{C}l}$	参考信号	n_{f}
$A_{\text{-cijl}}$，$\phi_{\text{-cijl}}$	控制通道模型 C_{ij} 的频响值	$n_{\mathrm{m}} n_{\mathrm{s}} n_{\mathrm{f}}$
f_{Sijl}，f_{Cijl}	滤波参考信号	$n_{\mathrm{m}} n_{\mathrm{s}} n_{\mathrm{f}}$
μ	收敛因子	1
e_{j}	误差信号	n_{s}
w_{Sil}，w_{Cil}	自适应滤波器权系数	$n_{\mathrm{m}} n_{\mathrm{f}}$
u_{il}	控制信号分量	$n_{\mathrm{m}} n_{\mathrm{f}}$
u_{i}	控制信号	n_{m}

各运算的运算量如表 6—2 所示。从表 6—2 中可知，控制算法的总运算量随着频点数 n_f、作动器数 n_m、减振目标点数 n_s 的增大而增大，总运算量关于 n_f、n_m、n_s 均为线性阶 $O(n)$。

表 6—2 不同情形下 FxLMS 算法的运算量

情形	加法运算数	乘法运算数	正弦运算数
单频点，单输入单输出	4	12	4
多频点，单输入单输出	$6n_f-2$	$12n_f$	$4n_f$
单频点，多输入多输出	$4n_m n_s$	$6n_m n_s+4n_m+2$	$2n_m n_s+2$
多频点，多输入多输出	$4n_m n_s n_f+2n_m n_f-2n_m$	$6n_m n_s n_f+4n_m n_f+2n_f$	$2n_m n_s n_f+2n_f$

6.3.2 并行处理模式的选择

当主动控制规模增大后，巨大的运算量对于控制运算平台提出了较高要求。可以将运算任务分配至多核 DSP 芯片的不同处理器上并行处理，减少运算处理的时间，提高效率，并提高控制运算平台的运算能力。

图 6—2 中所示的是多频点情形下，多输入多输出的 FxLMS 算法控制运算变量示意图。对于控制运算过程，AD 采样为输入值，DA 转换为输出值。图 6—2 中其余端点处的变量均为已知量，图形内部的变量则为中间量。

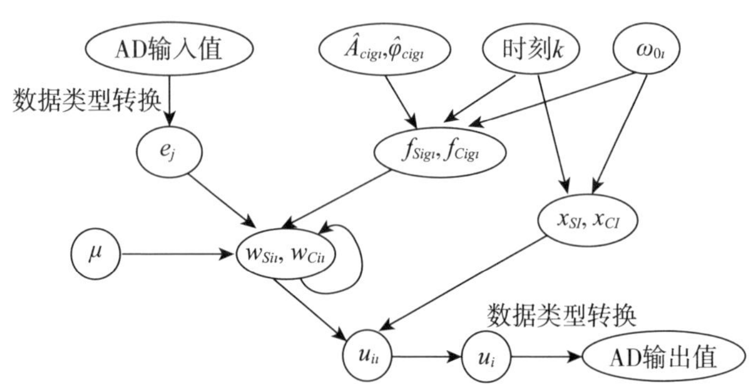

图6-2　FxLMS算法控制运算变量示意图

使用主从处理模式，将 FxLMS 算法控制运算任务分配至多个处理器上。图 6—3 中所示的是主从处理模式的示意图。主核上的主任务将从任务分配至不同的从核上运行，从核上的从任务运行完毕之后再将运行结果返回至主任务。主从处理模式在工作过程中呈现“集中控制、分散执行”

的特点。主核在运行过程中负责对外的数据交互与从核之间不同从任务的调度，并将从任务所需的数据与控制信号传递至从核。

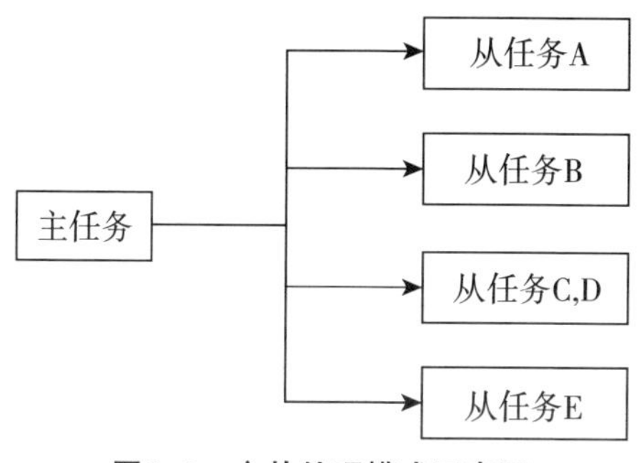

图6-3　主从处理模式示意图

控制运算任务的分解需要对于 FxLMS 算法中不同运算任务进行通信分析。选择对外耦合度小对内结合度高的任务节点进行分解。从图 6－2 中可知，对于 FxLMS 算法可以按照不同控制信号 u_i 的求解进行运算分解。在任务分解的时候，为保证各处理器负载平衡，减少处理器的空闲时间，需要将运算任务平均地分配给各处理器。

6.4　复杂隔振系统并行运算硬件架构

目前国内在主动隔振系统的硬件控制器的研究中大多使用单核处理器（DSP 或 FPGA）、选择的 DSP 处理性能不高和模数或数模转换精度不高。由于选择单核处理器或选择低性能 DSP 其数据处理能力较差，只能支持单通道或双通道的控制。有些设计选择的模数或数模转换精度较低而导致控制效果不理想。

可采用高性能 DSP＋FPGA 的双核处理架构为核心，以高精度模数和数模转换器进行数据的采集和输出，使硬件控制器具有支持 FxLMS 自适应算法实现多路作动器并行控制的性能。

以 40 路输入、30 路输出为例构架相关硬件：基于 DSP 并行控制，采用双 DSP＋FPGA 的结构，基于 CPCI 结构完成 40 路 AD 输入、30 路 DA 输出的信号采集板卡，为信号处理系统提供 AD/DA 信号转换工作，总体处理平台系统，DSP 采用 TI 公司相关最新芯片组，FPGA 采用 Xilinx 芯片组合。

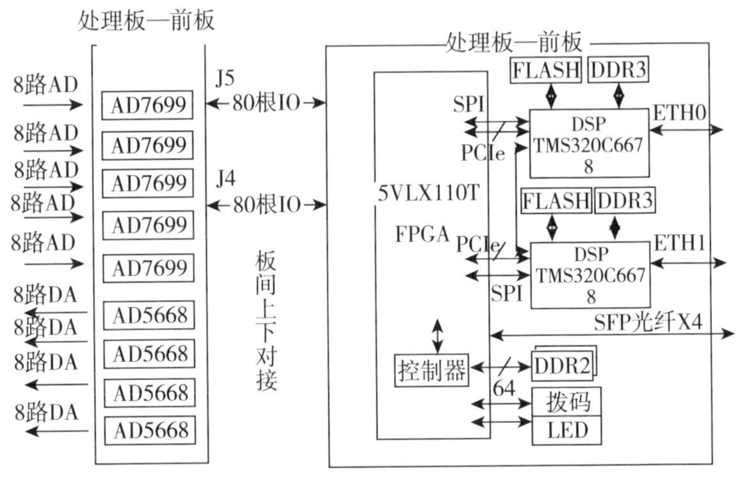

图6-4　系统总体方案结构框图

系统方案主要由多路输入/输出接口单元、ADC 部分及其信号调理电路、DAC 部分及其信号调理电路、滤波单元、电源与稳压单元组成，其中图 6—4 为系统总体方案结构框图，处理板卡方案采用 DSP 运算器，FPGA 用于协调 DSP 间与 AD 及其 DA 之间的通信协调。

整体系统基于 CPCI 6U 结构标准，采用标准 R2.0 规范背板直接通过 P4P5 连接器实现前后板的对接。后板（ADDA 板卡）设计选用 5 片 ADC 芯片实现 40 路 AD 信号的输入，每片支持 8 路信号，总共 250Ksps 采样，采用 SPI 口输入到 FPGA。如图 6—5 所示。

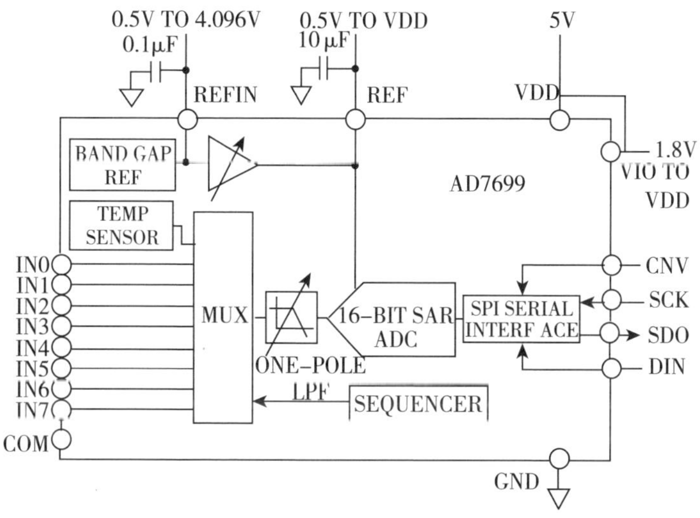

图6-5　AD7699结构框图

DAC 芯片选用 4 片 AD5668，实现 32 路的 16bit 建立时间约 5ns 的转换。后板同时支持外触发输入，实现多路

AD的同步触发工作，如图6—6所示。

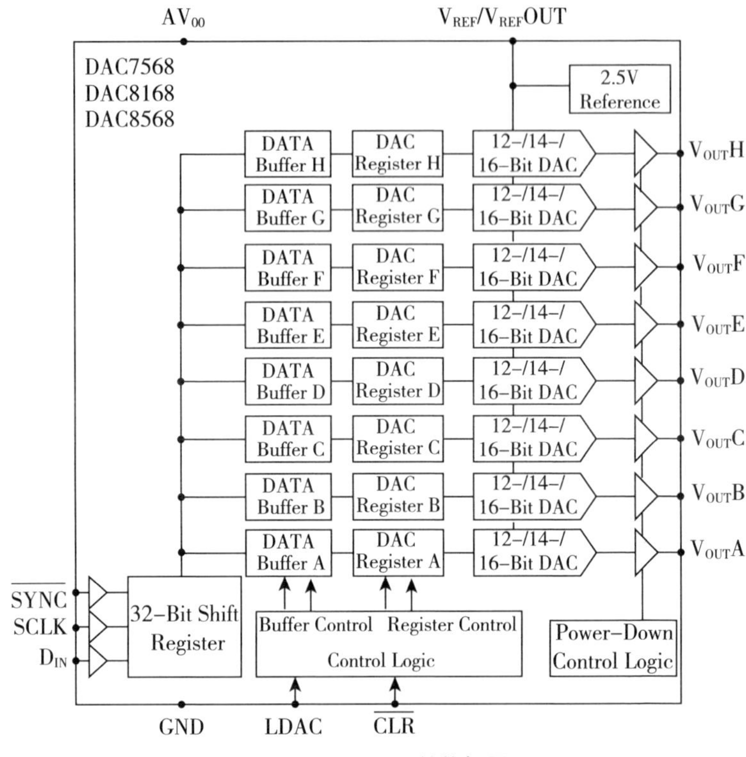

图6-6　AD5668结构框图

第 7 章　船舶机械设备主动隔振应用实例

振动主动控制技术在船舶设备的振动控制中得到了普遍应用。通常情况下，大量采用被动隔振技术。在一些特殊情况下，采用传统的被动隔振技术难以达到控制要求时（如低频线谱控制，某些场合无法采用被动控制装置），往往采用主动控制装置来实现工程控制需求。

主动隔振装置系统设计通常在总统布置及性能设计要求的情况下，确定设计输入（设计要求），在此基础上确定装置系统的设计要素。有时在动力设备载荷特性无法实测获得时，还要采用振源识别方法来解决。

这里以船用水泵的主动隔振装置系统设计为例，介绍主要的设计过程及内容。

7.1　装置系统设计

7.1.1　被控设备——水泵的基本物理特性及振动隔振需求

水泵的基本物理参数见表 7—1。

表 7—1 泵组主要性能参数

性能	参数
流量	$100m^3/h$
转速	0～2950r/min
功率	37kW
频率	50Hz
泵重量	450kg

根据实船安装特点及总体设计要求，在原安装隔振条件下需对该设备低频线谱有更进一步的要求，具体要求见表 7—2。

表 7—2 泵振动量级及隔振控制要求

设备	线谱隔振量要求（dB）	线谱消减数量（根）	频带范围
水泵	≥6	大于 2 根	10～200Hz

由泵组实测数据及源识别分析，工程估算出设备所需作动力约为 400N。在此基础上进行系统设计。

7.1.2 装置系统的组成及初步的参数设计

装置系统组成见表 7—3。

表 7—3　装置系统组成

序号	项目	数量（台）	备注
1	作动器	4	
2	电源机箱	1	
3	传感器	4	布置在安装基座上
4	控制机箱	1	含 1 个控制器、4 个驱动器、4 个信号调理器

初步参数需求如下：

（1）作动器：提供作动力峰值力 500N，每个作动器峰值力 125N；

（2）驱动器：每个驱动器提供功率 250W，最大电压 100V；

（3）驱动电源：输出功率 1kW，输出电压 90V，交流 220V 供电；

（4）控制器：I/O 数：输入＞4，输出＞4；AD：16 位；DA：16 位；

（5）控制电源：5VDC/250W；

（6）控制机箱：符合 3U 标准；

（7）电源机箱：符合 3U 标准。

7.1.3　系统布置

结合原有设备隔振措施以及其他安装总体资源，具体系统布置配置如下：

设备被动双层隔振；4 个主动作动器刚性安装于设备机脚，实现机械连接，进行低频线谱振动控制。

其他组件的传感模块的振动传感器布置于安装基座。

控制模块、驱动模块以及传感模块的信号调理装置、电源模块将集成于装置的机柜中。（图 7—1）

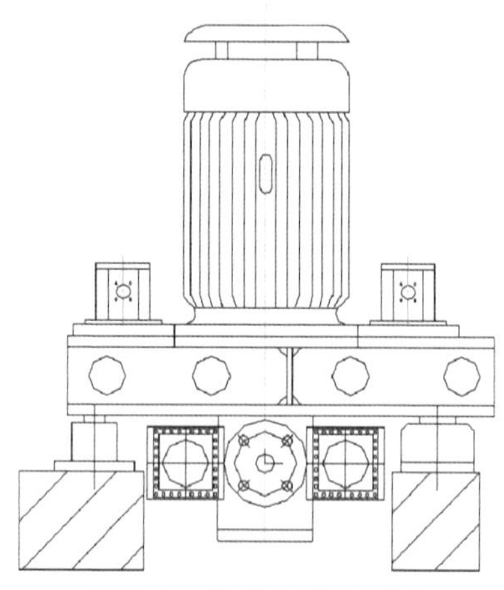

图7-1　装置布置示意图

装置与外界接口有机械接口、电气接口。装置作动器通过机械接口实现与基座的机械连接，通过电气接口实现与船舶供电的电气连接。

（1）机械接口

机械接口分为作动器安装接口与控制机柜安装接口。

①作动器安装接口

每个作动器通过过度板用安装螺栓与垂向作动器刚性

固接；传感器组件集成于垂向作动器与横向作动器内部。

②控制柜安装接口

控制柜采用钢丝绳减振器，通过安装螺栓与船体安装基座连接。

（2）电气接口

装置的电气接口均位于机柜，通过不同接口与供电实现电气连接。

（3）内部接口

主要指作动器与控制机箱接口及控制机箱内部接口，见图 7—2。其中：

①传感器通过传感电缆、电缆适配器与控制机箱连接，为控制机箱内控制器提供振动监测信号输入；

②控制机箱内控制器通过控制电缆、电缆适配器与作动器连接，为相应作动器提供消振控制信号输入；

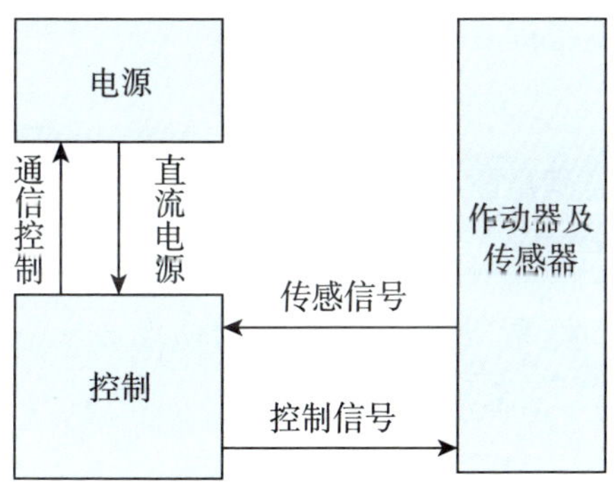

图7–2　装置内部接口关系图

③控制机箱内控制器通过内部电缆与电源连接，为控制电源开启、闭合提供控制信号输入；

④控制机箱内电源通过内部供电电缆与相应驱动器连接，为驱动器提高驱动直流电源。

7.1.4 装置其他组件配置

7.1.4.1 传感器配置设计

根据振动量级，采用 PCB 626B03 单向加速度传感器，数量：4。

（1）量程：±5g

（2）灵敏度：1000mV/g

（3）频率范围：1～10kHz

（4）重量：199g

（5）过载极限（冲击）：2500g pk

（6）温度范围：－54～121 ℃

7.1.4.2 装置驱动器配置设计

驱动器需满足驱动 250N 力作动器的要求，根据作动器电机连续最大电流及峰值电流，计算作动器的反电动势常数，选择 copley 驱动器作为装置的功率放大器，其主要性能指标如表 7—4 所示。

表 7—4　copley 型驱动器主要性能指标

性能指标	单位	数值
额定输入电压	V	90
最大连续电流	A	2.8
峰值电流	A	3.9
PWM 开关频率	kHz	30

7.1.4.3　装置信号调理器配置设计

来自传感器的电信号一般还不能用后端数据采集设备来测量，它们大多数输出电压非常小，易受噪声影响，可能存在很高的尖峰值。因此在将它们转换为数量之前需先进行放大、滤波或隔离等预处理，即信号调理。信号调理装置为装置系统集成与调试时将对作动器控制反馈用传感器的电信号进行放大、滤波或隔离等预处理功能，为后端的数据采集设备所用。将配置 PCB682A02 信号调理器用于调理输入信号，减少信号失真。

信号调理器参数如下：

(1) 通道数：1 通道

(2) 频响：10～10000kHz

(3) 外接交流电源：24VDC

(4) 输入电压：±6V

(5) 输出电压：±6V

7.1.4.4　装置电源配置设计

装置内部不同组件工作时需要稳定、反应速度快、效率高、波形失真小、可靠性高的电力需求。装置电配置如下：

（1）控制器电配置需求：输入交流 220V，50Hz，功率 250W；

（2）驱动电配置需求：输入交流 220V，功率 1kW。

7.1.4.5　机箱配置设计

控制器与驱动器集成于装置控制机箱，驱动电源集成于电源机箱中。机箱采用铝材机加工而成，可以对存放设备提供保护，屏蔽电磁干扰，有序、整齐地排列设备，方便以后维护设备。

控制机箱安装的主要组件包括控制器 1 台、驱动器 4 台、信号调理器 4 台。电源机箱安装的主要组件包括驱动电源 1 台。控制机箱与电源机箱三维模型如图 7—3、图 7—4 所示。

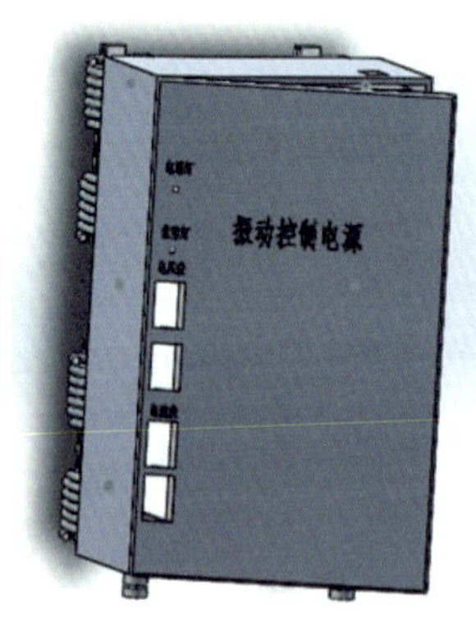

图7–3　电源机箱三维模型图

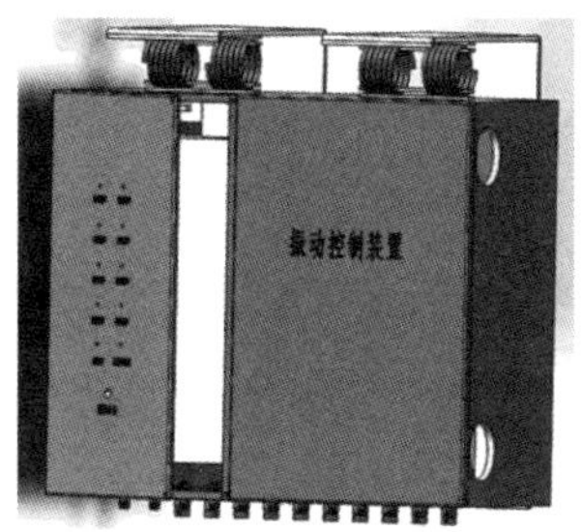

图7-4　控制机箱三维模型图

7.2　装置作动器设计

7.2.1　作动器输出力

作动器作动力输出特性是装置系统的关键特性，是装置执行消振控制的基础参数。其影响因数由电磁力特性及作动器机械结构特性两个方面决定。根据电磁特性分析获得的作动电机电磁力灵敏系数曲线，作动器电机在 100℃时最大电流为 2.63A，最大力灵敏系数：58N/A，计算作动电机能产生大于 125N 的电磁力，满足作动器电磁力输出要求。

在电机电磁力满足系统指标要求的同时，还需对系统整体作动器输出力状况进行校核，结合系统电磁力特性以及作动器输出特性分析，对系统作动器输出力进行了计算分析。图 7—5 为 0～300Hz 输出力曲线，分析表明，10～

300Hz 作动器作动力 160N，大于 125N，能够满足系统对作动器作动力在相应工作频段内的指标要求。

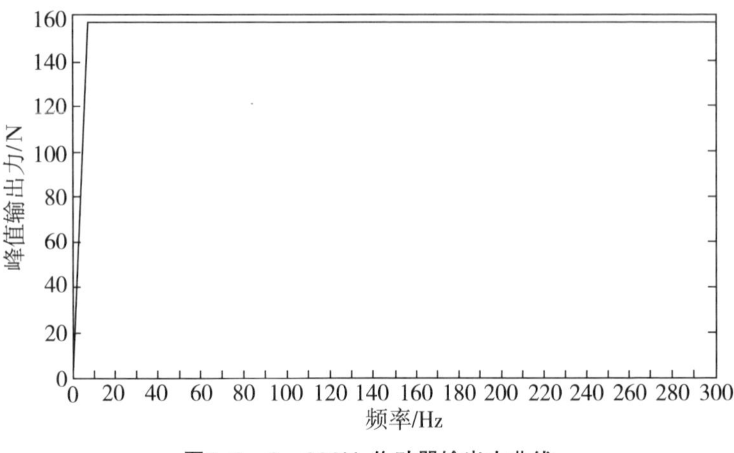

图7–5　0～300Hz作动器输出力曲线

7.2.2　结构特性设计

设计的电磁作动器，它的外圈（可动部分）通过悬架机构与内圈（静止部分）相连，并使用螺杆将内圈固定在基座上，内圈外缠有线圈，外圈内壁嵌有磁钢。当交变电流通入线圈后，外磁钢受到周期变化的电磁激励力作用，带动外圈做往复运动。这样，通过控制电压就可控制外圈的振动，从而产生作用力。

作动器结构组件通常包括支座、悬架、盖板、下连接板。

图 7—6、图 7—7 分别为完成设计的作动器结构图。

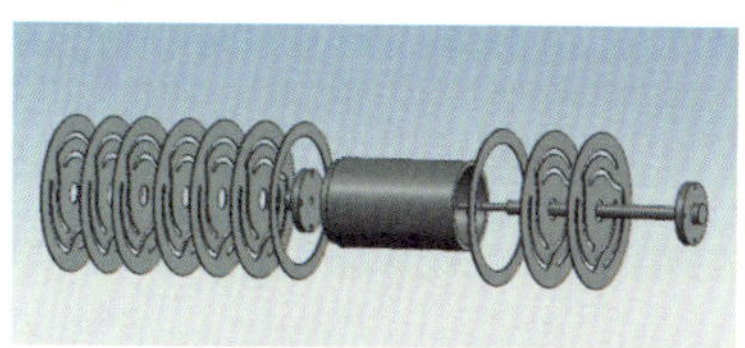

图7-6　作动器实体模型的爆炸视图

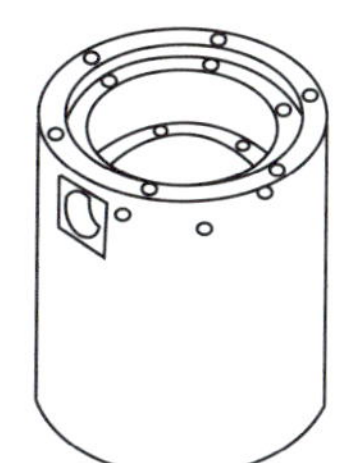

图7-7　作动器支座

为了减小应力集中问题，选定外框圆形为弹簧片造型。(图 7—8)

图7-8　作动器悬架机构结构示意

7.2.3　作动器结构特性分析

作动器是系统的关键机械部件，作动器结构特性将参与到振源振动能量的对外传递，作动器结构特性的是否匹配，将影响到隔振装置对外控制效能。对电磁作动器进行有限元分析。通过建立电磁作动器的有限元模型和模态分析，确定电磁作动器结构参数，使其基频及输出力控制频率范围内没有共振峰。

建立电磁作动器的有限元模型，添加约束。利用模态分析方法对电磁作动器进行动力学分析，得到各阶模态频率。

图 7—9 为作动器建模图。

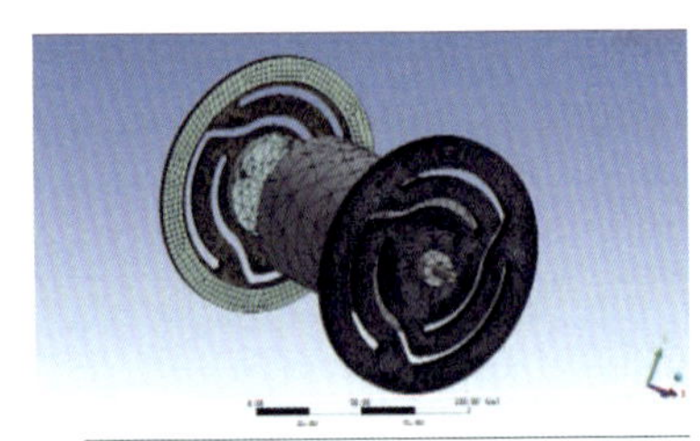

图7–9　作动器弹簧质量系统有限元网格划分

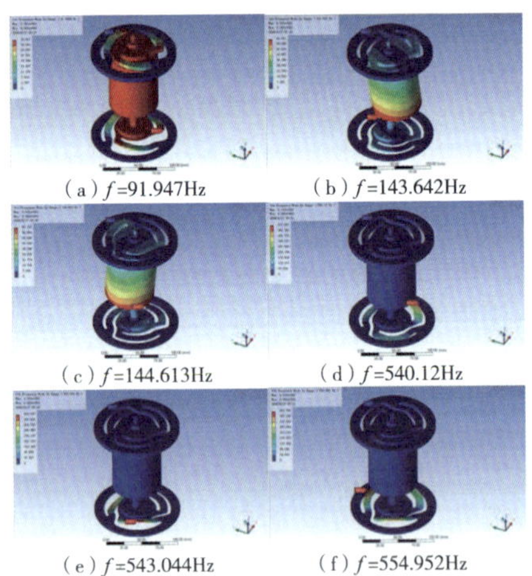

（a）f=91.947Hz　（b）f=143.642Hz

（c）f=144.613Hz　（d）f=540.12Hz

（e）f=543.044Hz　（f）f=554.952Hz

图7–10　作动器弹簧质量系统各阶自振频率仿真结果

上述分析表明，作动器结构第一阶自振频率高达 91Hz，已远高于装置系统控制频率上限，作动器机械结构不会对控制过程产生耦合影响，其机械结构特性是安全可靠的，另外，作动器结构自振频率也远高于设备额定工作频率 50Hz，不会对振源振动对外传递产生负作用。作动器机械结构特性满足系统要求。

7.3　装置控制器设计

7.3.2　装置控制硬件（DSP）

从集成性、程序可实现性、可靠性、经济性以及开发的效率角度出发，装置以合众达公司生产的 F2812 板卡为基础进行控制器构建。SEED－DPS2812M 板卡核心控制器采用 TI 公司的 TMS320F2812 DSP 芯片。该 DSP 是目前国际市场上最先进、功能最强大的 32 位定点 DSP 芯片，具有良好的扩展性。另外，该板卡结构紧凑，布局合理，外部接口信号根据信号特点合理划分，具有较高的模块稳定性和抗干扰能力。SEED－DPS2812M 板卡既具有数字信号处理能力，又具有强大的事件管理和嵌入式控制功能，可满足装置的控制要求，且为今后的研究预留了空间，其主要性能如下（图 7－11、图 7－12 分别为 SEED－DPS2812M 原理框图与功能框图）：

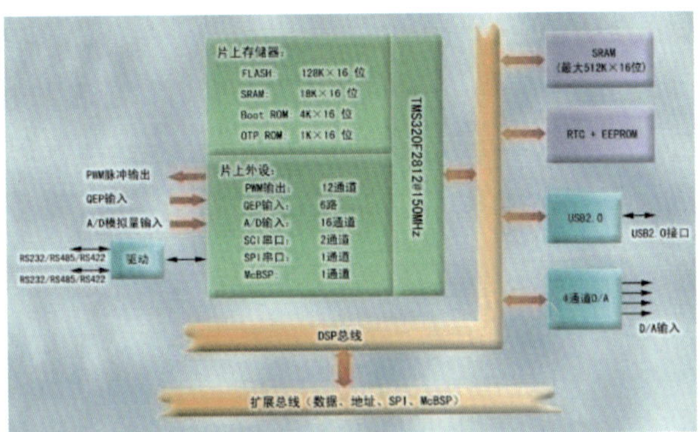

图7-11 SEED-DPS2812M原理框图

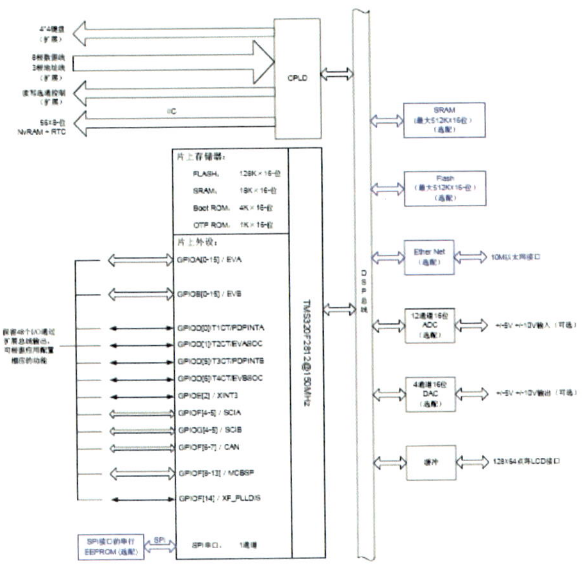

图7-12 SEED-DPS2812M功能框图

·高性能静态CMOS、主频可达150MHz(指令周期为6.67ns);

· 128k×16 位片上 FLASH、18k×16 位片上 SRAM、4k×16 位片上 Boot ROM；

· 外部存储空间接口：最多可达 1M×16 位，提供 3 个独立的片选信号，读/写时序可编程；

· 动态 PLL，可由软件编程设置主频；

· 外设中断扩展模块，最多支持 45 个外部中断；

· 用于电机控制的外设：2 个事件管理器 EVA、EVB，内含光电编码器接口电路；

· 12 位 A/D 转换器：16 通道、双采样/保持器、2×8 多路切换器，在 25MHz 的 ADC 时钟下转换率为 80ns。

基于 SEED－DPS2812M 与外部电路设计完成控制器的结构设计。

7.3.1　装置控制算法

控制算法是装置能否达到良好控制效果的关键，装置拟采用的是改进的 LMS 自适应控制算法，最小均方（Least Mean Square，LMS）算法就是一种以期望响应和滤波器输出信号之间误差的均方值最小为准则的，依据输入信号在迭代过程中估计梯度矢量，并更新权系数以达到最优的自适应算法，LMS 算法是一种梯度最速下降法。

多通道滤波 x－LMS 前馈控制中，由振动主动控制装置对系统进行控制，每个振动主动控制装置的控制量由与之对应的滤波算法决定。

基于设备振动特性建立一个 4 输入 4 输出的主动隔振装置，进行仿真分析。4 个检测点处的初级扰动信号由实测信号构成。

图 7—13 给出了所编写的振动主动控制仿真程序。

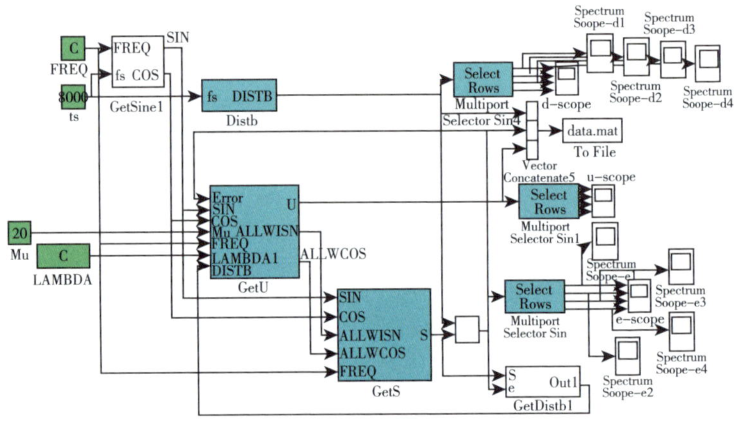

图7–13　控制仿真程序

设置算法的参数，进行控制仿真。图 7—14 中给出了不同检测点处的控制效果，包括时域结果与频域结果（以 dB 计）。

表 7—4 中给出了经控制之后，不同检测点处误差信号中控制前后不同频率的幅值以及经过控制之后不同频率的振动下降幅度。

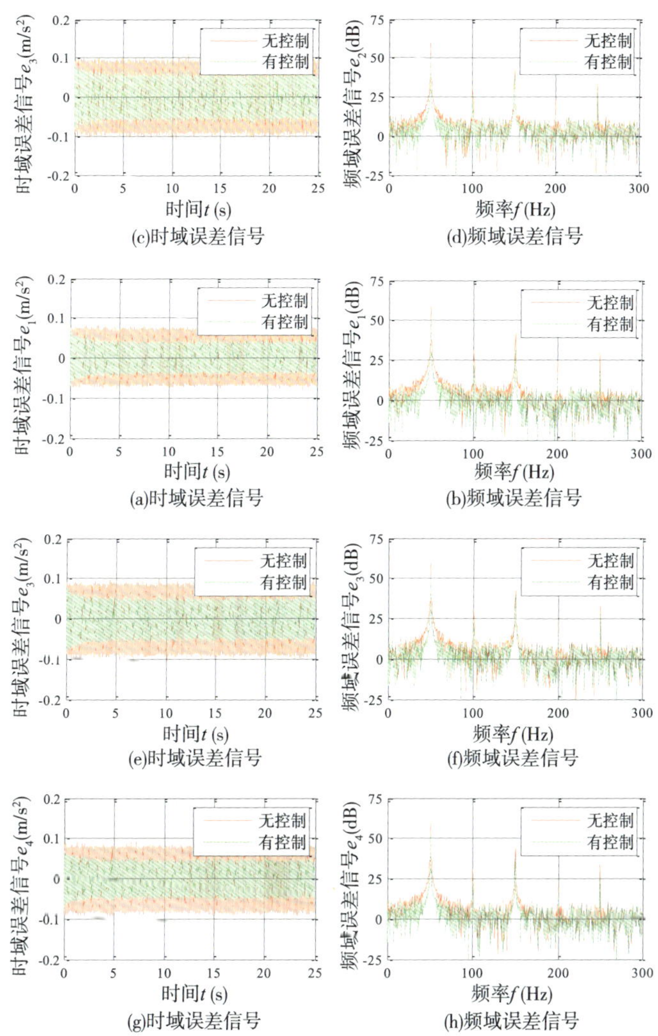

图7-14　不同检测目标点处的控制效果（以dB计）

表 7—4　不同检测点处的控制效果

检测点编号	1		
频率 / Hz	50.0	100.0	150.0
控制前幅值 / 10^{-3}m·s^{-2}	54.28	2.31	7.67
控制后幅值 / 10^{-3}m·s^{-2}	21.57	0.92	2.39
经控制下降的幅度 / dB	8.01	8.00	10.14
检测点编号	2		
频率 / Hz	50.0	100.0	150.0
控制前幅值 / 10^{-3}m·s^{-2}	56.09	2.31	7.64
控制后幅值 / 10^{-3}m·s^{-2}	22.28	0.92	2.97
经控制下降的幅度 / dB	8.02	7.98	8.18
检测点编号	3		
频率 / Hz	50.0	100.0	150.0
控制前幅值 / 10^{-3}m·s^{-2}	58.01	2.29	9.67
控制后幅值 / 10^{-3}m·s^{-2}	23.05	0.92	4.07
经控制下降的幅度 / dB	8.02	7.94	7.52
检测点编号	4		
频率 / Hz	50.0	100.0	150.0
控制前幅值 / 10^{-3}m·s^{-2}	59.88	2.23	9.16
控制后幅值 / 10^{-3}m·s^{-2}	23.79	0.89	3.51
经控制下降的幅度 / dB	8.02	8.02	8.33

基于声源设备的低频线谱仿真结果表明，研制的振动主动装置具有较好的减振效果，在 10～300Hz 频段范围内，可达到 8dB 的效果，且可同时针对条谐波线谱进行有效的控制。

7.4　装置性能试验

为有效检验主动隔振装置的隔振能力，对设计的主动隔振装置系统做了配机试验。该试验以泵为对象，通过主动隔振装置的安装使用，消减泵的低频振动线谱，进一步降低泵低频振动的对外传递。（图 7—15）

图7–15　水泵主动隔振系统性能试验现场

通过实时采集布置泵安装基座等位置的多个振动加速度传感器的振动信号，来评估主动隔振装置的性能指标。如图 7—16 所示。

主动隔振装置陆上配机试验的主要内容是在泵额定转速运行工况下，测试主动隔振装置未开启与开启情况下的试验平台安装基座振动情况。

在试验过程中，通过开启与关闭主动隔振装置的对比检验装置的隔振性能。

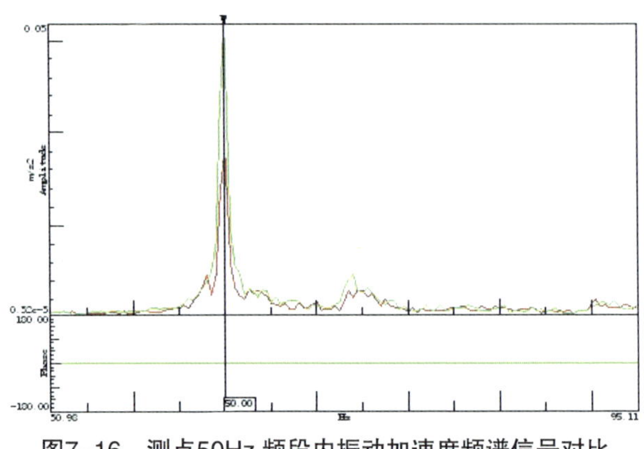

图7-16　测点50Hz 频段内振动加速度频谱信号对比

泵主动消振的实验表明，装置具有较好的线谱减振效果，实测结果 8dB，满足了大于 6dB 的要求。

本设计示例通过工程化的主动隔振系统的系统设计、配置设计、作动器设计、控制器硬件设计、系统试验等工作，介绍了船舶设备主动隔振装置系统工程设计应用的实例。这里仅就一般性的工作流程作了简要分析介绍。实际工程应用过程中，由于不同工程问题的特殊性和复杂性，以及环境适应性要求等，往往涉及更多的优化、迭代、局部试验、可靠性、维修性设计等复杂细致的技术工作。

参考文献

[1] 李维嘉，曹青松. 船舶振动主动控制的研究进展与评述[J]. 中国造船，2007，48（2）：68－79.

[2] 王加春，李旦，董申. 机械振动主动控制技术的研究现状和发展综述[J]. 机械强度，2001，23（2）：156－160.

[3] 王飞，段勇．舰船的主动减振降噪技术[C]//第十四届船舶水下噪声学术讨论会论文集，2013.

[4] 李海斌，毕世华，等．振动主动控制技术现状和发展[J]. 振动与冲击，1998，17（3）：38－42.

[5] 姜荣俊，何琳. 有源振动噪声控制技术在潜艇中的应用研究[J]. 噪声与振动控制，2005，25（2）：1－6.

[6] 顾仲权，马扣根，陈卫东．振动主动控制[M]．北京：国防工业出版社．1997.

[7] 李嘉全．浮筏系统的振动主动控制技术研究[D]. 合肥：中国科学技术大学，2008.

[8] Koko T S，Akpan U O，Guertin Let al. Active Noise and Vibration Control Literature Survey：Sensors and Actuators [R]. MARTEC LIMITED HALIFAX (NOVA SCOTIA)，1999.

[9] Akpan U O, Brennan D P, Koko T Set al. Active noise and vibration control literature survey: controller technologies [R]. MARTEC LIMITED HALIFAX (NOVA SCOTIA), 1999.

[10] SakamotoM, YagiE. Aetive Vibration Isolation of a Diesel Engine Generator with Linear VoieeCoilMotors. Kyoto: CIMAC Congress, 2004.

[11] Zhang J W, Chen S Z. Modelling and study of active vibration control for off-road vehicle [J]. Vehicle System Dynamics, 2014, 52 (5): 581-607.

[12] Liu J X, Zhang X W, Chen X F. Modeling and active vibration control of a coupling system of structure and actuators [J]. Journal of Vibration and Control, 2016, 22 (2): 382-395.

[13] Zhong H, Wang Y, Ran H Zet al. Novel distributed PZT active vibration control based on characteristic model for the space frame structure [J]. Shock and Vibration, 2016 (5928270).

[14] Liu J X, Chen X F, Gao J Wet al. Multiple-source multiple-harmonic active vibration control of variable section cylindrical structures: A numerical study [J]. Mechanical Systems and Signal Processing, 2016, 81: 461-474.

[15] Ardekani I T, Abdulla W H. Effects of imperfect secondary path modeling on adaptive active noise control systems [J]. IEEE Transactions On Control Systems Technology, 2012, 20 (5): 1252-1262.

[16] Wang L V, Gan W S, Khong Aet al. Convergence analysis of narrowband feedback active noise control system with imperfect secondary path estimation [J]. IEEE Transactions On Audio Speech and Language Processing, 2013, 21 (11): 2403-2411.

[17] Wang L, Gan W S. Convergence analysis of narrowband active noise equalizer system under imperfect secondary path estimation [J]. IEEE Transactions On Audio, Speech, and Language Processing, 2009, 17 (4): 566-571.

[18] Lopes P, Gerald J. Auxiliary noise power scheduling algorithm for active noise control with online secondary path modeling and sudden changes [J]. IEEE Signal Processing Letters, 2015, 22 (10): 1590-1594.

[19] Ardekani I T, Kaipio J P, Nasiri Aet al. A statistical inverse problem approach to online secondary path modeling in active noise control [J]. IEEE/ACM Transactions On Audio Speech and Language Processing, 2016, 24 (1): 54-64.

[20] Zardian M G, Ayob A. Intelligent modelling and active vibration control of flexible manipulator system [J]. Journal of Vibroengineering, 2015, 17 (4): 1879 - 1891.

[21] Zhang X, Chen X, You S, et al. Active control of dynamic frequency responses for shell structures [J]. Journal of Vibration and Control, 2015, 21 (14): 2813 - 2824.

[22] Zhang X, Chen X, You S, et al. Simulation and experimental investigation of structural dynamic frequency characteristics control [J]. Sensors, 2012, 12 (4): 4986 - 5004.

[23] GOH C J, CAUGHEY T K. On the Stability Problem Caused by Finite Actuator Dynamics in the Colocated Control of Large Space Structures [J]. International Journal of Control, 1985, 41 (3): 787 - 802.

[24] Barkefors A, Sternad M, Brannmark L J. Design and analysis of linear quadratic gaussian feedforward controllers for active noise control [J]. IEEE/ACM Transactions On Audio Speech and Language Processing, 2014, 22 (12): 1777 - 1791.

[25] Tang E Q, Fang J C, Zheng S Q, et al. Active vibration control of the flexible rotor to pass the first ben-

ding critical speed in high energy density magnetically suspended motor [J]. Journal of Engineering for Gas Turbines and Power — Transactions of the Asme, 2015, 137 (11250111).

[26] Hasheminejad S M, Oveisi A. Active vibration control of an arbitrary thick smart cylindrical panel with optimally placed piezoelectric sensor/actuator pairs [J]. International Journal of Mechanics and Materials in Design, 2016, 12 (1): 1-16.

[27] Omidi E, Mahmoodi S N, Shepard W S. Multi positive feedback control method for active vibration suppression in flexible structures [J]. Mechatronics, 2016, 33: 23-33.

[28] Omidi E, Mahmoodi N. Hybrid positive feedback control for active vibration attenuation of flexible structures [J]. IEEE/ASME Transactions On Mechatronics, 2015, 20 (4): 1790-1797.

[29] Guo S X. Non—probabilistic robust reliability method and reliability— based performance optimization for active vibration control of structures and dynamic systems with bounded uncertain parameters [J]. Journal of Vibration and Control, 2016, 22 (6): 1472-1491.

[30] Azeloglu C O, Sagirli A, Edincliler A. Vibration miti-

gation of nonlinear crane system against earthquake excitations with the self-tuning fuzzy logic PID controller [J]. Nonlinear Dynamics, 2016, 84 (4): 1915-1928.

[31] Khoshnood A M, Moradi H M. Robust adaptive vibration control of a flexible structure [J]. Isa Transactions, 2014, 53 (4SI): 1253-1260.

[32] Fakhari V, Ohadi A, Talebi H A. A robust adaptive control scheme for an active mount using a dynamic engine model [J]. Journal of Vibration and Control, 2015, 21 (11): 2223-2245.

[33] Thenozhi S, Yu W. Active vibration control of building structures using fuzzy proportional-derivative/proportional-integral-derivative control [J]. Journal of Vibration and Control, 2015, 21 (12): 2340-2359.

[34] Behera S K, Das D P, Subudhi B. Functional link artificial neural network applied to active noise control of a mixture of tonal and chaotic noise [J]. Applied Soft Computing, 2014, 23: 51-60.

[35] Zhao H Q, Zeng X P, He Z Yet al. Improved functional link artificial neural network via convex combination for nonlinear active noise control [J]. Applied Soft Computing, 2016, 42: 351-359.

[36] An Z Y, Xu M L, Luo Y Jet al. Active vibration control for a large annular flexible structure via a Macro—Fiber composite strain sensor and voice coil actuator [J]. International Journal of Applied Mechanics, 2015, 7 (15500664).

[37] 陈照波，吕俊超，焦映厚．音圈电机驱动的双层主动隔振系统设计与仿真 [J]. 噪声与振动控制，2012，5：26-30.

[38] 孙红灵，张培强，张琨．主动隔振与动力吸振器的联合减振研究 [J]. 机械强度，2005，27 (4)：432-435.

[39] 徐洋，孙以泽，华宏星，等．主动柔性耦合隔振系统的直接速度反馈实验研究 [J]. 振动与冲击，2007，29 (4)：6-8.

[40] 陈斌．浮筏隔振系统建模及振动主动控制研究 [D]. 合肥：中国科学技术大学，2008.

[41] 姚雄亮，顾玉刚，杨志国，压电类智能结构在船体振动控制方面的应用研究 [J]. 哈尔滨工程大学学报，2004，25 (6)：695-699.

[42] 牛军川，宋孔杰．平置板式主动浮筏系统的隔振研究 [J]. 机械工程学报，2004，40 (5)：67-71.

[43] 牛军川，宋孔杰．船载柴油机浮筏隔振系统的主动控制策略研究 [J]. 内燃机学报，2004，22 (3)：252-256.

[44] Giansante N, Jones R, Calapodas N J. Determination

of In—Flight Helicopter Loads [J]. Journal of the American Helicopter Society, 1982, 27 (3): 58-64.

[45] Hillary B, Ewins D J. The use of strain gauges in force determination and frequency response function measurements [C], 1984.

[46] Starkey J M, Merrill G L. On the ill—conditioned nature of indirect force—measurement techniques [J]. 1989.

[47] Martin M T, Doyle J F. Impact force identification from wave propagation responses [J]. International Journal of Impact Engineering, 1996, 18 (1): 65-77.

[48] Doyle J F. Force identification from dynamic responses of a bimaterial beam [J]. Experimental Mechanics, 1993, 33 (1): 64-69.

[49] Doyle J F. Determining the contact force during the transverse impact of plates [J]. Experimental Mechanics, 1987, 27 (1): 68-72.

[50] 赵利颇，潘存治，马强．基于电磁作动器的主动隔振系统研究 [J]. 石家庄铁道学院学报，2006，19 (2): 51-54.

[51] 盖玉先，李旦，董申．振动主动控制中电磁作动器动态特性的研究 [J]. 高技术通讯，2001 (6): 76-78.

[52] O'Callahan J, Piergentili F. Force Estimation Using Operational Data [J]. Proceedings of SPIE — The International-

al Society for Optical Engineering，1996：2768.

[53] Seijs M V V D，Klerk D D，Rixen D J. General framework for transfer path analysis：History，theory and classification of techniques ☆ [J]. Mechanical Systems & Signal Processing，2016，s 68 - 69：217 - 244.

[54] Guillaume P，Parloo E，Verboven Pet al. AN INVERSE METHOD FOR THE IDENTIFICATION OF LOCALIZED EXCITATION SOURCES [J].

[55] Yu L，Chan T H T. Moving force identification based on the frequency - time domain method [J]. Journal of Sound & Vibration，2003，261 (2)：329 - 349.

[56] White J，Adams D，Rumsey Met al. Impact Loading and Damage Detection in a Carbon Composite TX—100 Wind Turbine Rotor Blade：Aiaa Aerospace Sciences Meeting and Exhibit [C]，2013.

[57] Pahn T，Jonkman J，Rolfes Ret al. Inverse load calculation of wind turbine support structures — a numerical verification using the comprehensive simulation code FAST：Aiaa/asme/asce/ahs/asc Structures，Structural Dynamics and Materials Conference Aiaa/asme/ahs Adaptive Structures Conference Aiaa [C]，2013.

[58] Brandolisio D，Jacobs W，Devos Set al. TPA for internal force identification in a mechanical system [J].

Addiction, 2013, 108 (1): 80-88.

[59] Khoo S Y, Ismail Z, Kong K Ket al. Impact force identification with pseudo — inverse method on a lightweight structure for under—determined, even—determined and over— determined cases [J]. International Journal of Impact Engineering, 2014, 63 (1): 52-62.

[60] Jia Y, Yang Z, Guo Net al. Random dynamic load identification based on error analysis and weighted total least squares method [J]. Journal of Sound & Vibration, 2015, 358 (3): 111-123.

[61] Jia Y, Yang Z, Song Q. Experimental study of random dynamic loads identification based on weighted regularization method [J]. Journal of Sound & Vibration, 2015, 342: 113-123.

[62] Li X, Yang Z, Zhang Het al. Crack growth sparse pursuit for wind turbine blade [J]. Smart Materials & Structures, 2015, 24 (1): 15002-15009.

[63] Jacquelin E, Bennani A, Hamelin P. Force reconstruction: analysis and regularization of a deconvolution problem [J]. Journal of Sound & Vibration, 2003, 265 (1): 81-107.

[64] Leclerc J R, Worden K, Staszewski W Jet al. Impact detection in an aircraft composite panel—A neural—

network approach [J]. Journal of Sound & Vibration, 2007, 299 (3): 672-682.

[65] Wang J, Law S S, Yang Q S. Sensor placement methods for an improved force identification in state space [J]. Mechanical Systems & Signal Processing, 2013, 41 (1-2): 254-267.

[66] Kalhori H, Ye L, Mustapha S. Inverse estimation of impact force on a composite panel using a single piezoelectric sensor [J]. Journal of Intelligent Material Systems & Structures, 2016, 28 (6).

[67] Gunawan F E, Homma H. A Solution of the Ill—Posed Impact—Force Inverse Problems by the Weighted Least Squares Method [J]. Journal of Solid Mechanics & Materials Engineering, 2008, 2 (2): 188-198.

[68] Sun R, Chen G, He Het al. The impact force identification of composite stiffened panels under material uncertainty [J]. Finite Elements in Analysis & Design, 2014, 81 (2): 38-47.

[69] Liu J, Sun X, Han Xet al. Dynamic load identification for stochastic structures based on Gegenbauer polynomial approximation and regularization method [J]. Mechanical Systems & Signal Processing, 2015, s 56-57: 35-54.

[70] Li X, Deng Z. Identification of Dynamic Loads Based on Second—Order Taylor—Series Expansion Method [J]. Shock and Vibration, 2016, (2016-1-14), 2016, 2016: 1-9.

[71] Chang C, Sun C T. Determining transverse impact force on a composite laminate by signal deconvolution [J]. Experimental Mechanics, 1989, 29 (4): 414-419.

[72] Huang C H. A nonlinear inverse problem in estimating simultaneously the external forces for a vibration system with displacement—dependent parameters [J]. Journal of the Franklin Institute, 2005, 342 (7): 793-813.

[73] Huang C H. A non—linear lnverse vibrarion problem of estimating the esternal forces for a system with displacement — dependent parameters [J]. Journal of Sound & Vibration, 2001, 248 (5): 789-807.

[74] Lu Z R, Law S S. Identification of system parameters and input force from output only [J]. Mechanical Systems & Signal Processing, 2007, 21 (5): 2099-2111.

[75] Gunawan F E. Levenberg—Marquardt iterative regularization for the pulse — type impact — force reconstruction [J]. Journal of Sound & Vibration, 2012, 331 (25): 5424-5434.

[76] 常晓通，闫云聚，刘鎏. Landweber 迭代正则化方法在

动态载荷识别中的应用 [J]. 应用数学和力学，2013，34 (9)：948-955.

[77] Wang L，Cao H，Han Xet al. An efficient conjugate gradient method and application to dynamic force reconstruction [J]. Journal of Computational Science，2015，8：101-108.

[78] Ward C P，Goodall R M，Dixon R. Contact Force Estimation in the Railway Vehicle Wheel－Rail Interface：World Congress the International Federation of Automatic Control [C]，2011.

[79] 李国平. 面向精密仪器设备的主动隔振关键技术研究 [D]. 杭州：浙江大学，2010.

[80] 孙红灵．振动主动控制若干问题的研究 [D]. 合肥：中国科学技术大学，2007.

[81] 吴广明．舰船复杂隔振系统建模及其功率流研究 [D]. 上海：上海交通大学，2004.

[82] 仲翟燕. 复杂隔振系统的功率流传递特性和振动噪声控制技术研究 [D]. 济南：山东科技大学，2005.

[83] 牛军川，田国会，宋孔杰. 旋转机械主动隔振研究 I：功率流传递特性 [J]. 山东工业大学学报，2001，31 (4)：301-305.

[84] 牛军川，田国会，宋孔杰. 旋转机械主动隔振研究 II：功率流传递的控制策略 [J]. 山东工业大学报，2001，

31 (4): 336-341.

[85] 陈玉强. 双层隔振系统振动主动控制技术研究 [D]. 哈尔滨工程大学, 2002.

[86] 张磊, 刘永光, 付永领, 等. 基于自适应陷波器的主动隔振仿真研究 [J]. 系统仿真学报, 2005, 17 (1): 234-237.

[87] 刘红军, 周晓宏, 等. 基于模糊控制理论的振动控制研究 [J]. 西北大学学报 (自然科学版), 2003, 33 (3): 293-295.

[88] 杨铁军, 顾仲权, 刘志刚等. 双层隔振系统耦合振动主动控制试验研究 [J]. 振动工程学报, 2003 (02): 17-20.

[89] 龚丽琴. Fuzzy/PI 控制在振动主动控制中的应用研究 [D]. 哈尔滨: 哈尔滨工程大学, 2004.

[90] 胡小峰, 叶庆泰, 彭晓春. 基于自适应滤波的悬臂梁振动速度反馈控制 [J]. 机械强度, 2004, 26 (3): 256-259.

[91] 严超. 基于电动式作动器的主动消振技术研究 [D]. 哈尔滨: 哈尔滨工程大学, 2007.

[92] 金禹. 基于改进梯度算法的误差通道在线辨识振动主动控制策略研究 [D]. 哈尔滨: 哈尔滨工程大学, 2010.

[93] 肖友洪. 基于模糊控制的振动主动控制技术研究 [D]. 哈尔滨: 哈尔滨工程大学, 2003.

[94] 陈晓宁. 基于神经网络振动主动控制方法的研究

[D]. 哈尔滨：哈尔滨工程大学，2004.

[95] 李旭明. 基于误差通道在线辨识的振动主动控制方法研究 [D]. 哈尔滨：哈尔滨工程大学，2005.

[96] 杨铁军，陈玉强，黄金娥，等. 柴油机双层隔振系统耦合振动主动控制仿真研究 [J]. 船舶工程，2001 (03)：24-27.

[97] 杨铁军，刘志刚，张文平，等. 基于 x—RLMS 算法的自适应有源隔振技术研究 [J]. 内燃机学报，2001 (01)：92-95.

[98] 朱明刚，杨铁军，率志君，等. 基于自适应梳状滤波算法的有源隔振技术 [J]. 哈尔滨工程大学学报，2011 (12)：1576-1581.

[99] 杨铁军，靳国永，李玩幽，等. 舰船动力装置振动主动控制技术研究 [J]. 舰船科学技术，2006，28 (Z2)：46-53.

[100] 马宝山，刘志刚，孙建民，等. 自适应 LMS 算法在汽车悬架振动主动控制中的仿真研究. 噪声与振动控制，2003，3：3-6.

[101] 张志谊，王俊芳，周建鹏，等. 基于跟踪滤波的自适应振动控制 [J]. 振动与冲击，2009 (02)：64-67.

[102] 王俊芳，李振伟，张志谊. 周期振动隔离的自适应方法及其实验研究 [J]. 中国机械工程，2010 (08)：978-982.

[103] 张志谊，胡芳，王俊芳，等. 自适应振动控制中的输出饱和抑制 [J]. 机械工程学报，2009，45 (9)：41-45.

[104] 王俊芳. 自适应主动隔振的理论和实验研究 [D]. 上海：上海交通大学，2008.

[105] 李嘉全，王永一种新的滤波 x—LMs 算法研究 [J]. 振动与冲击，2008，27 (3)：5-7.

[106] 马颖劲，毛剑琴，李超. x—LMS 算法在实时振动主动控制中的应用 [C] //自动化理论、技术与应用. 2002：73-77.

[107] 梁青，段小帅，陈绍青，等. 基于滤波 x—LMS 算法的磁悬浮隔振器控制研究 [J]. 振动与冲击，2010，29 (7)：201-203.

[108] 杨大成，王德隽. 多路 LMS 自适应算法及其应用 [J]. 北京邮电学院学报，1988，n (4)：1-9.

[109] 张国庆，王永，陈光. 一类多频线谱振动的主动控制方法 [J]. 南京理工大学学报，2005，10，29 (SuPP)：37-40.

[110] 胡正伟. 自适应信号处理算法研究以及 FPGA 实现 [D]. 北京：华北电力大学，2002：8-22.

[111] Winberg M，Hansen C，ClaessonIet al. Active control of engine vibrations in a Collins class submarine [M]. 2003.

[112] 廖珍连，蔡坚勇，林梅燕，等. 一种新的自适应变步

长 LMS 算法及分析 [J]. 微计算机信息，2009 (19)：203-204.

[113] Resta F，Ripamonti F，Cazzulani Get al. Independent modal control for nonlinear flexible structures：An experimental test rig [J]. Journal of Sound and Vibration，2010，329 (8)：961-972.

[114] 杨铁军，靳国永，刘志刚．船舶动力装置振动的主动控制 [M]. 哈尔滨：哈尔滨工程大学出版社，2011：138.

[115] Sun W，Gao H，Kaynak O. Finite frequency H∞ control for vehicle active suspension systems [J]. IEEE Transactions on Control Systems Technology，2011，19 (2)：416-422.

[116] Kim S，Park Y. On—line fundamental frequency tracking method for harmonic signal and application to ANC [J]. Journal of sound and vibration，2001，241 (4)：681-691.

[117] 汉森 C H，斯奈德 S D. 噪声和振动的主动控制 [M]. 仪垂杰，译．北京：科学出版社，2002.

[118] 夏巍，倪樵，杨智春. 超声速飞行器壁板非线性颤振响应分析的时域法与频域法对比研究 [J]. 固体力学学报，2010 (04)：417-421.

[119] Das A S，Dutt J K，Ray K. Active vibration control of

unbalanced flexible rotor—shaft systems parametrically excited due to base motion [J]. Applied Mathematical Modelling, 2010, 34 (9): 2353-2369.

[120] Li L, Song G, Ou J. Nonlinear structural vibration suppression using dynamic neural network observer and adaptive fuzzy sliding mode control [J]. Journal of Vibration and Control, 2010, 16 (10): 1503-1526.

[121] 段可博，贾建援，郭鑫. 基于 TMS320F2407 的主动振动控制系统 [J]. 电子技术运用，2004.

[122] 相晖. 基于 DSP 的集成化振动主动控制系统研究 [D]. 南京：南京航空航天大学，2006.

[123] 张振海，朱石坚，楼京俊. 多自由度隔振系统线谱控制技术研究 [J]. 舰船科学技术. 2011，1 (33): 49-53.